生命，
因家庭而大好！

# 跟阿德勒學正向教養
# 教師篇

打造互助合作的教室，引導學生彼此尊重、
勇於負責，學習成功人生所需的技能

Positive Discipline
in the Classroom
Developing Mutual Respect, Cooperation,
and Responsibility in Your Classroom

簡・尼爾森、琳・洛特、史蒂芬・格林——著
陳玫妏——譯　姚以婷——審訂

# 目錄

3 CHAPTER

## 改變教室氣氛，從了解領導風格開始……53

——溫和堅定的教師，協助孩子制定慣例、從經驗中學習



4 CHAPTER

## 為什麼這麼做？探討錯誤行為背後的原因……83

——以鼓勵和賦能的話語取代挫折的話語

8 CHAPTER

# 掌握教室管理工具，改善學生疑難雜症……165

——鼓勵孩子思考並主動參與，激發合作力

9
CHAPTER

# 孩子需要你的幫忙——以解決問題的態度面對校園霸凌……193

——適時介入&探究原因，提高對霸凌的敏銳度



10
CHAPTER

# 親師生合作，做功課不再是苦差事！……209

——給孩子空間學習，發展主動性與負責任的態度



11
CHAPTER

# 舉行班級會議的八個技巧（I）……219

——掌握訣竅、循序練習，達到最佳溝通效果

推薦序

# 孩子是自己學習的主人

洪仲清／臨床心理師

「正向教養是一種哲學，我們認為孩子的感受和思想不僅重要，而且需要被重視、接受，並融入學校生活的常規結構中，以便讓學習變得有意義。在確實執行下，它不僅是一個反霸凌計畫，或社交與情感技能的學習課程，更是一個變革性的工具，藉由影響教育的核心——我們和孩子的關係——來改變教育的各個層面。」

——黛兒．瓊斯（Dale Jones）「探索特許學校」（Discovery Charter Schools）常務董事

這一段話，已經抓住了這本書的核心，以及正向教養的精神。我們跟孩子的關係，不管在哪一種教育情境，那是知識傳遞的基礎。孩子對我們的認同程度，大大影響孩子對知識的認同與思考，以及應用在生活中的動機。

教育常在群體中進行，那麼，我們跟孩子的關係，會是孩子跟他人關係的重要參考。當和諧關係優先於競爭比較，那麼霸凌的可能性就會降低。一個在關係中自在的孩子，

相對來說更有自信，因此也能讓知識的吸收更有效率。

正向教養的策略之一，便是班級會議。彼此溝通討論會是常態，自然能提升人際社交能力，像是學習相互尊重。正向教養更重視一個人要為自己負責，而非接受處罰，這可以讓人更有自我價值感，對生活也更積極自律。

當孩子能感受到自己是學習的主人，並且影響學習的方向，他的主體性能藉著參與教學活動而體現，便能更有意願地主動運用自己的時間，並且專注在解決問題，不怕犯錯。孩子能思考得更深入，同時也懂得欣賞與肯定他人的不同思考方式。

「透過改變自己，我們就能改變生活與周遭的人的態度。」

——魯道夫・德瑞克斯

正向教養常會提醒我們，要再回到更源頭——也就是發動教育的自己。我們要看到我們播種時的辛勞，即便有時不一定立即看到收成。教孩子負責，我們得要為自己負責；讓孩子感覺有能力，我們也不能忘了對自己的信心。

我們沒有的東西，我們給不出去。

人會犯錯，不只是孩子，還包括我們自己。但請把「人」跟「錯誤」分開來，時時跟人連結，就像我們常跟自己的內在連結一樣。所以要改善一個人的錯誤或問題，請先跟這個人連結，先有耐心把背景脈絡搞清楚再說，也就是「糾正前先連結」的實踐。

我喜歡正向教養很重要的原因是，它裡面有相當多可以實作的工具。在這本書裡，更設計了不少可以在學校情境操作的活動，甚至教師互動團體可以怎麼彼此協助解決問題都有著墨。連我常被問到的親師生溝通的議題，這本書都具體地寫出可以如何構成場面並且進行。

不僅僅是原則講解，還提供了大量的例子，整理校長老師們的回饋，讓讀者更清楚如何在學校情境運用正向教養。

我本來以為，我已經看了夠多本正向教養的書籍了，沒想到再看這一本的時候，除了被提醒，還有新的驚喜。正向教養的書，總能在多數的關係與情境中應用。

這本書推薦給願意成長的你，不管你是不是老師，都能獲益。祝福你！

導讀

# 從社會情感開始學，相互尊重的阿德勒教養法

姚以婷／美國正向教養協會國際顧問和認證導師、中華亞洲阿德勒諮商暨應用協會理事長、台灣亞和心理諮商和訓練中心院長

學校是家庭的延伸，孩子的品格教育需要在家庭和學校中共同實施。在我從事心理諮商和訓練的十多年間，時常會聽到個案或學生提及在成長歷程中，經由某位老師的肯定和鼓勵或幫助，能夠做到翻轉學業成績、或甚至從當時脫序的生活回歸人生正軌。教師對孩子人格塑造的重要性，實不亞於父母之下。

「正向教養」（Positive Discipline）又被譯為正面管教或正向管教，是一套源自美國教育學博士簡・尼爾森（Jane Nelson）在八〇年代主持一項以家長與教師運用阿德勒心理輔導概念進行兒童教育的研究專案。這項專案獲得美國聯邦政府資助，**研究結果發現學校實施「正向教養」對兒童有明顯正面的影響，不但學生破壞公物和校園霸凌等問題行為大幅減少，對師長更有禮貌，連學業成績都提升百分之十一。**

奧地利心理大師阿德勒認為，**學生能否專注於學業，很大一部分取決於他對教師的興趣。「正向教養」**在學校班級裡的運用，承襲阿德勒心理學原則，十分重視師生之間的情感連

**結，創造關懷與尊重氛圍的教室，讓孩子能在班級中感到自己是一份子，有歸屬和價值感，進而鍛鍊與他人合作的各種優良品格與生活能力。「正向教養」提倡學習需要兩條軌道才可行，一是社會情感（social emotional learning），二是學術學科。**學習有如火車前進，兩條學習軌道缺一不可，必須同時進行；若只注重學術，孩子的挑戰行為和管教問題會增加。

簡・尼爾森於一九八一年寫下《溫和且堅定的正向教養》（*Positive Discipline*）一書，並與婚姻家庭治療師琳・洛特（Lynn Lott）為家長和教師編寫出正向教養的課程指南，開始四處教導正向教養的理念和方法。**於一九九三年與琳・洛特和史蒂芬・格林（H. Stephen Glenn）寫下本書。**

在過去四十年間，「正向教養」已經成為美國主流親子教育法之一，涵蓋在家庭或學校等不同環境下運用的系列書籍共出版了二十二本，以十六種語言在全球六十個國家發行，銷量超過六百萬冊，台灣已出版有《跟阿德勒學正向教養》、《跟阿德勒學正向教養：青少年篇》、《跟阿德勒學正向教養：學齡前兒童篇》、《正向教養親子互動工具卡》、《跟阿德勒學正向教養：教師篇》、《溫和且堅定的正向教養》及《溫和且堅定的正向教養2：愛太多的父母》。即將出版有《跟阿德勒學正向教養：特教兒童篇》（暫譯）和《跟阿德勒學正向教養：單親家庭篇》（暫譯）。

「正向教養」發展出超過兩百種可運用於各項親子問題的實用教養法，由美國協會認證的導師培訓家長、教師、兒青輔導人員等，鼓勵愛好者成為認證講師，並分享與傳授給周遭的人。正向教養課程與培訓遍布全球，全球學習人口持續增加，進入台灣也已經有八年的歷史。**在美國、墨西哥、厄瓜多、西班牙、法國、瑞士和中國等地均有多所全面實施「正向教養的示範學校」；台灣自二〇一八年開始有兩家幼教集團陸續導入「正向教養」理念和教學工具**。

本書是「正向教養」在學校教室運用的經典之作，輕巧好讀共十三章，每章均有提供教師自習或是教師可帶領學生練習的活動。以下概述章節綱要，幫助讀者容易閱讀：

第一和二章：說明正向教養採用不懲罰也不獎賞的鼓勵性教養模式，旨在教室中培養孩子自主負責的品格與能力。

第三和四章：幫助教師理解自己和學生們的人格差異，以培養溫和且堅定的班級管理風格。

第五和六章：教師創造與學生連結情感與相互尊重的多種方法和技巧。

第七和八章：應用於班級中解決衝突與問題的多種方法與技巧。

第九和十章：以各一章的篇幅說明如何面對處理霸凌與不寫功課的問題。

第十一到十三章：由於班級會議是正向教養在教室中實施的重要途徑，在開班會前，必須先教導孩子八項重要的技巧，確保孩子能夠正確使用班會來解決班級問題，並從中受益。

筆者於二〇一一到二〇一四年專程到美國正向教養協會（Positive Discipline Association），接受創始人簡．尼爾森親自培訓，成為台灣唯一獲取正向教養協會認證的導師。二〇一六年十月曾邀請本書合著作者，也是正向教養共同創始人琳．洛特來台授課，得以親炙大師風采。二〇一七年十月首次邀請謝瑞爾．艾爾文（Cheryl Erwin）來台，親授正向教養家長和學校講師認證班。謝瑞爾是《跟阿德勒學正向教養：學齡前兒童篇》、《跟阿德勒學正向教養：單親家庭篇》（暫譯）……等七本正向教養書籍的合著作者，和《正面管教學校講師指南》的編輯。**二〇二〇年二月謝瑞爾將再度來台親授「正向教養學校講師認證工作坊」及「正向教養早期教育講師工作坊」**。

不了解「正向教養」教室運用法的教師，看到它，可能會聯想到又要多一件事情，教學現場的繁忙，往往會令其卻步。事實上，正向教養讓許多灰心喪氣的優秀教師們重燃鬥志！參加正向教養課程的教師們告訴我，他們終於找到了想要的教學法則，不必再使用過去那些令人沮喪又無效的行為管理或是懲罰性的管理法。教師們眼底恢復光亮與神采，帶著教育的初心，走出正向教養的教室。

許多家長告訴我，正向教養真的很有效；老師們也跟我說，原本抱著懷疑的心態，不太相信幼稚園的小小孩也可以進行班會，沒想到，班會不但進行得出奇順利，小小孩們竟然有著無數創意又有趣的點子，解決了自己和班級同學的困難。**當教師轉變態度採納溫和堅定的技巧，在教導孩子學術能力的同時，也教導社會情感技能，將解決問題的責任賦歸給孩子，教學生活反倒會輕鬆許多！**本書中，也有許多教師在教室運用正向教養的成功經驗分享，真實、美妙又激勵人心。

阿德勒說：「一名教育者最重要的工作，就是確保沒有任何孩子在學校裡感到氣餒；而一個在進學校前已經氣餒的孩子，會透過學校和老師重新獲得自信。這與教育者的使命密切相關，因為只有那些對未來充滿希望和快樂的孩子，才有可能接受教育。」我相信也樂見在不久的將來，台灣將有愈來愈多孩子能在正向教養的民主氛圍中，成長為獨立自主又負責的兒童與青少年。

前言

# 將「正向教養」帶入校園，親師生一起成長！

黛兒・瓊斯（Dale Jones）／「探索特許學校」（Discovery Charter Schools）常務董事

露西爾帕卡德兒童醫院（Lucile Packard Children's Hospital）透過在舊金山灣區進行的一項研究發現，有超過三分之二的父母提到，他們的孩子在學校和家庭作業上承受了從中度到高度不等的壓力。另一項研究則發現，當研究人員請學生選擇一或兩個形容詞來描述上學的經驗時，最常出現的是「無聊」。美國的高中輟學率是一場全國性的危機，但大多數選擇離開學校的學生並非表現不好，而是覺得學校和自己的生活無關。這些只是關於孩童輟學和被剝奪受教權利的一小部分指標，這對於孩子、社區和國家都造成了嚴重影響。

身為父母和校長，有人向我引介正向教養的管教課程，我愈加以運用，教職員接受愈多訓練，我就愈清楚，「正向教養」（我們喜歡稱之為ＰＤ）是解決當前大多數教育問題的解藥。它不是靈丹妙藥，但它比其他任何方法更能解決教育危機的核心問題，那就是——孩子在學校教育中幾乎完全沒有主體性。

我所謂的「主體性」是，他們**相信自己有能力影響發生在生活中的事**。令人遺憾的是，現在大多數的學生認為，學校是生活中必然發生的一件事，但並不是有機會在其中扮演任何有意義的角色的事。當然，學生仍需要做作業或接受測驗，但卻很少有機會自己決定作業的內容，或如何表現理解力。

正向教養是一種哲學，我們認為孩子的感受和思想不僅重要，而且需要被重視、接受，並融入學校生活的常規結構中，以便讓學習變得有意義。在確實執行下，它不僅是一個反霸凌計畫，或社交與情感技能的學習課程，更是一個變革性的工具，藉由影響教育的核心——我們和孩子的關係——來改變教育的各個層面。

透過讓孩子參與和教學有關的決策，將他們的意見納入課堂和學校的管理中，將他們的想法視為解決人際關係與課業問題的寶貴資源，我們將能把主體性還給孩子，並開始轉變學生與學校的關係內涵。孩子可以擁有影響學校的力量，正如同學校對他們具有的影響力一般，學校機構和孩子都能因此變得更好。

在「探索學校」（Discovery Schools）裡，我們不僅相信學生可以選擇自己的學習內容與方式，而且更進一步地建立老師和學生之間的夥伴關係。有一些七年級學生正在透過設計進度報告學習自我評估；二年級學生則在設計以興趣為導向的教學課程；六年級學生剛去了舊金山，進行了一場完全由學生設計和規劃的校外教學——規劃二十七名學生的校外教學工作，提供學生許多學習的機會，並且也協助建立學生的責任感、動力和參與感。

在我們最近一次舉辦的「學校正向教養專業發展工作坊」（Classroom Professional Development Workshop）課程之後，學校裡的一位老師列出我們所學習使用的概念與策略。這是一份令人印象深刻的清單，其中包括讓自然後果成為一種學習方式，同時溫和且堅定、將錯誤視為學習機會、從旁指導，但將解決衝突的責任交給學生……等等。

《跟阿德勒學正向教養：教師篇》提出令人印象深刻且最重要的觀點，是一個基本態度的轉變——賦予孩子信任，相信他們能將自己獨特的技能和經驗融入學習中，讓學校不再只是增長知識的地方。這是一種信任，相信孩子擁有足以分享的智慧，如何強化學習的自我認識，評估學習和行為的能力——這不只是孩子的權利，也是人類以批判精神參與自我教育的基本需求。

《跟阿德勒學正向教養：教師篇》所做的，是讓這一切成為可能。

1

CHAPTER

# 教室裡的「正向教養」

## 以鼓勵取代獎賞和懲罰的教育模式

孩子需要鼓勵才能健康的成長與發展，
如同植物需要灌溉。

——魯道夫．德瑞克斯

許多人認為努力追求學業成就是上學的主要目的，管教方案應該與發展卓越的學業能力相輔相成。因此，大人採行獎賞和懲罰為主的一般管教方式，企圖**控制**學生。然而研究發現，除非孩子同時學習到社交與情感技能，否則他們很難進行學習，管教問題也會因此增加。

正向教養是一種不同的管教方式。請想像一列火車試圖在一條軌道上到達目的地。這沒辦法，火車需要兩條軌道。學校也一樣。**第一條軌道是學業，第二條軌道是社交和情感發展。正向教養含括讓學生專注於解決方案的方法，而不只是被動接受懲罰和獎勵**。使用這種綜合系統的學校（兩條並行的軌道）回報說，

學習的氣氛……兩條軌道（圖片來源／Shutterstock）

學生的挑戰行為減少了，學業成績提升了。前頁照片說明所謂「學習的氣氛」。

許多年前，本書的作者之一曾努力學習使用電腦——她懷疑這是否值得努力。然後她聽到有人說：「現在決定是否要有電子火車已經太遲了。現在的選擇是何時跳上這列火車。」隨著一個接一個出現的新科技產品，這個人的話語在她的腦海中不斷迴盪著。她的世界充滿讓生活變得更輕鬆、更有趣的電子產品。她很高興自己跳上了這列火車。如今，你認識到了正向教養的兩條軌道，我們也希望你想跳上這列火車。

在你搖頭說，「不可能！我沒辦法在已經忙碌不堪的教室裡，再多增加一件事」之前，我們希望你考慮這一點：正向教養會讓你的生活變得更輕鬆。真的！

如果你是一位溫和且堅定的老師，在專注教學的同時，也教導社交和情感技能，你就已經加入我們的行列了。如果你想知道，一個正向教養的課堂是不是適合你的方向，下列問題可提供作為評估。

- 你希望學生有能力做出好的決定嗎？
- 你希望學生學會保持彈性嗎？
- 你希望學生學會負責任（回應的能力）嗎？
- 你希望學生學會與人合作嗎？

- 你希望學生學會傾聽技巧嗎？
- 你希望學生學會自我控制嗎？
- 你希望學生勇於承擔責任嗎？
- 你希望創造一個討論的環境，讓學生勇於表達被傷害的感受嗎？
- 你希望幫助學生學習彌補傷害他人的錯誤嗎？
- 你希望擁有一個可以讓學生在其中發展良好品格特質與力量的課堂嗎？
- 你希望擁有一個學生因鼓勵而熱愛學習，並因此獲得優秀成績的課堂嗎？

經過正向教養培訓的教師所營造出的課堂，**讓孩子感到被尊重，擁有熱愛學習的勇氣和興奮感，並有機會學習創造成功人生所需的技能**。正向教養的願景是，打造在學生失敗時從不感到羞辱的學校，並在一個安全的環境裡，藉由從錯誤中學習來獲得力量。

## 以「正向教養」精神，培養社交與情感技能

許多學生學習的社交與情感技能，都體現在七種重要的觀念和技能中*。以下分別是幫助孩子在學校和生活中成功賦能的觀念和技巧：

### 成功賦能的三種觀念

- 我有能力。
- 我能有意義的貢獻，我真的被需要。
- 我運用個人力量做決定，並能對自己和群體產生正面影響。

### 成功賦能的四種技巧

- 我能自律和自我控制。
- 我以尊重的態度與他人合作。
- 我了解自己的行為會如何影響他人。
- 我透過日常練習，培養智慧與判斷能力。

以下說明正向教養如何教導孩子這七種重要的觀念和技能。

＊關於七種重要的觀念和技能，請參閱史蒂芬・格林和簡・尼爾森，《在自我放縱的世界中培養自力更生的孩子》（*Raising Self-Reliant Children in a Self-Indulgent World*，暫譯），每一種觀念與技能在書中都有一章的篇幅加以討論。這些觀念與技能也在「培養有能力的人」（Developing Capable People Course）課程中講授。若需要更多資訊，請參考www.positivediscipline.com。

## 我有能力

要幫孩子建立「自己有能力」的信念，孩子們需要一個安全的環境，在其中探索他們所選擇和行為的後果，並不計較成功或失敗——沒有責備、羞辱或痛苦。正向教養的方法提供一個安全的環境，讓學生檢視自己的行為，發現行為如何影響他人，並一起有效解決問題來創造改變。

## 我能有意義的貢獻，我真的被需要

為了讓孩子在早期關係中相信自我價值，他們需要有人傾聽自己的感受、想法和觀念，並擁有被認真看待的經驗。他們需要知道「我很重要，我算數。」

在正向教養的教室裡，每個人都有機會在一個有秩序、相互尊重的過程中，發表意見並提出建議。學生將學習到，他們能在解決問題的過程中做出重要貢獻，並能成功地貫徹執行所選擇的建議。他們會體驗到所有人類的主要目標——歸屬感和自我價值。

## 我運用個人力量做決定，並能對自己和群體產生正面影響

許多老師不認為學生擁有個人力量，並能以某種方式加以運用。如果你不給學生們機

會以建設性的方式運用，他們可能會以破壞性的方式運用。

為了在生活中學會如何積極地運用個人力量，**孩子需要有機會在一個具鼓勵性、但也需要承擔責任的環境中貢獻一己之力。他們需要學會認識並相信自己創造正向環境的力量。**

**一個正向教養的教室是學生可以安全地犯錯，並從錯誤中學習的地方。**

在班級會議中，孩子學會對自己的錯誤負責（問責制），因為他們不是受到懲罰，而是在探索如何從錯誤中學習以獲得幫助。他們也將學會，即使無法控制發生的事，但可以控制對事情的反應。

## 我能自律和自我控制

一個正向教養的教室是一個很棒的地方，**能讓學生辨識和表達感受，並發展同理心和同情心。當孩子感覺被傾聽，他會更願意傾聽。**他們透過同學的回饋來了解自己的情緒和行為。在不具威脅的環境中，孩子會願意為自己的行為負責。他們學會感受是什麼，如何將感受和行為分開來。他們學會感受（例如，憤怒）和行為（打人）是分開的，儘管可以有感受，但有些行為卻不能被接受。

透過解決問題的過程，孩子學會以**「積極主動」**而非**「直覺反應」**的方式，來表達或處理自己的想法和感受。他們透過思考自己選擇的後果，並接受來自其他學生解決問題的建議，來培養自律和自我控制。邀請學生探索自我選擇後果的概念，與將後果加諸在他們身上的做法截然不同——後者經常是偽裝不善的懲罰。透過探索自我選擇的後果，學生會從錯誤中汲取教訓，而非試圖隱藏錯誤或為錯誤辯解。

## 我能以尊重的態度與他人合作

一個正向教養的教室提供孩子最好的機會，透過對話、分享、傾聽、同理、合作、協商和解決衝突來培養社交技能。當出現問題行為時，老師可以將它列入班級會議的議程中，或使用「四個解決問題的步驟」，或指導學生使用「選擇輪」，而不是介入幫學生解決問題。所有的方法（將在第七章討論）都能讓學生和老師一起合作，並找到雙贏的解決方案。

## 我了解自己的行為會如何影響他人

一個正向教養的教室是學生能以責任感、適應力和誠信，來面對日常生活的侷限與後果的地方。因為他們不會遭受責備、羞辱或痛苦，所以他們知道為自己的錯誤負責是安全的。他們學會放棄指責他人的受害者心態（老師給我F），並接受負責的心態（我會得到F，是因為我沒有做功課）。

## 我可以透過日常練習，培養智慧與判斷能力

孩子在評估問題時，需要具備社會意識，並對周遭發生的事情有所覺察，才有機會培養判斷能力。當一個問題出現在正向教養的教室時，學生可以探索事件發生的經過、導致事件發生的原因、他們的行為如何影響他人，以及將來應如何防止或解決類似的問題。透過這種方式，孩子將學會如何回應各種情況。

◇ ◇ ◇

在發展這三種觀念和四種技能上表現欠佳的學生，是發生嚴重行為問題（如霸凌、吸毒、青少女懷孕、自殺、犯罪、加入幫派）的高風險群。這些學生也容易有不那麼嚴重但令人困擾的觀念，像是應得權利感與缺乏動機。在這七種重要的觀念和技能發展上表現優異的學生，發展出這些嚴重且惱人問題的風險很低。很明顯地，最重要的是讓孩子有機會學習到這七種重要的觀念和技能，而正向教養則提供一個絕佳的學習機會。

### 齊心協力

當老師願意放棄對學生的控制，並以合作的方式與其協作時，正向教養最能產生效果。學習多提問、少說教的老師，會對學生的想法和意見產生真正的好奇心。當學生被

鼓勵表達意見，給予選擇而不是指令，並以小組方式解決問題時，課堂的氣氛會有所改善，變得具有合作、互助與相互尊重的精神。

## 正向教養實例

我還記得第一次認識正向教養時所感受到的興奮，因為它正是我在當時的教學生活中想尋找的方法——我透過一位共事一年的班導師認識到它——我們班很具有挑戰性。她離開一小段時間，到西雅圖市中心一所需要支援的學校，進行一個「多元文化」的教學單元。她到達後不久就打電話告訴我，該校校長所實施的一個優秀計畫。顯然地，那個計畫正是改變這個地方的關鍵！猜猜那是什麼計畫？

長話短說，我請了幾天假，到那裡度過一個長週末，和校長談話，看看這個計畫和「班級會議」如何在不同年級間運作，並與老師交談，觀察學生等等。我很驚訝地看到學生尊重人的程度，以及學校所瀰漫的包容氣氛。我帶著一堆素材和想法回來，想運用在自己的班級裡。

我非常喜歡「班級會議」的想法——使用議程，讓孩子們有機會真正傾聽，並且腦力激盪、全班一起幫忙解決問題。班導師和我將我們在做的事情與學校其他老師分享，而後，我們甚至被邀請到學區內的另一所學校進行了一場簡短的演講。我們當然不是專家，但我認為，我們的熱情和豐碩的成果彌補了這一點！

——克莉絲汀．漢米爾頓（Christine Hamilton），尤金市，俄勒岡州（Eugene,Oregon）

## 正向教養實例

我教五年級學生的第一年特別感到困難。我處理問題學生的方式，是對他們採取強硬態度，要求他們改進。是的，我的態度強硬，但他們更強硬！當我更強硬時，他們則會比我更強硬。我最終意識到，強硬並非解決之道。我的五年級學生中，有許多人的兄弟姊妹在混幫派或是父母在坐牢。我沒那種強硬！所以在我第一年的教學裡，真正學到的是，這麼做沒有用。

接下來幾年的情況好一點，但我還是在太寬鬆和太嚴厲之間搖擺不定。我詢問其他老師怎麼在課堂上「讓學生聽話」。一位我相當尊重的老師告訴我，他會在黑板上畫一個圓圈，讓學生站好，然後把鼻子貼在圓圈裡！我決定自己想辦法解決班級管理問題。我無法如此地羞辱孩子！

在接下來幾年的教學裡，我發現持續地尊重學生，會增加他們幫忙的意願——但還是不容易。然後，我在一次機會中接觸到「正向教養學校講師認證培訓工作坊」——這個工作坊讓我產生極大的共鳴！它完全與尊重學生，培養學生的合作技能，賦予其責任感，使其成為問題解決者有關，而且還不止於此！我感到非常興奮且充滿活力，因為這些正是我想給學生（和我自己）的技能！

我的教學變得愈來愈好。我學會與學生一起建立日常慣例、設定工作和解決方案。我們每天舉行班級會議，在其中進行讚美、感謝與解決問題。這個過程在班級裡創造出一種我從未感受過的連結感——孩子們學會了相互信任、彼此幫助和照顧。整體來說，我的學生希望成為積極的領導者，並努力表現最好的自己。我終於覺得自己是位有效率又有能力的老師！

我學會領導並指導學生，而非控制他們。我的學生不僅學會閱讀、寫作和數學，他們還擅長溝通、解決問題與合作。這些都是重要的生活技能！

有一年秋天，一位學生的母親在前一年來拜訪我。她想感謝我在課堂上進行過的班級會議和腦力激盪。她的兒子今年就讀一所新學校，新老師並不尊重學生。她兒子去找這所新學校的校長談話，詢問是否可以用班級會議的形式來幫助老師和同學。她兒子感受到自己有能力影響班級和新老師。他想把事情做得更好，不是透過指責或挑錯，而是透過問題討論，幫助同學和老師想出解決方案！

——多迪・彭博（Dodie Bloomberg），亞利桑那州，梅薩市（Mesa,Arizona）
正向教養認證資深培訓師

2
CHAPTER

# 教育路上，一次典範的轉移

## 從傳統教學轉為「正向教養」模式

一名教育者最重要的工作，
有人會說是神聖職責，
就是確保沒有任何孩子在學校裡感到氣餒；
而一個在進學校前已經氣餒的孩子，
會透過學校和老師重新獲得自信。
這與教育者的使命密切相關，
因為只有那些對未來充滿希望和快樂的孩子，
才有可能接受教育。

——阿爾弗雷德・阿德勒

想像踏入一個與你成長時完全不同的世界會是什麼感覺。也許你在成長過程中極力取悅大人；努力取得好成績，讓老師和父母感到驕傲；試著做一個乖孩子，以避免被懲罰。你成了一名「獲得肯定狂」，且從未想過自己的想法和觀念可能很重要。

你或許也是個挑戰體制的孩子，不在意獎賞，以盡量不被逮到來避免懲罰，但若被逮到了，你也不在意——你變得叛逆。很可惜地，你把注意力放在反對其他人的想法上，而非檢視自己的想法。

現在——繼續想像自己是個孩子——進入一個老師不使用懲罰與獎賞的世界。他們要你一起專注於解決問題，鼓勵你思考行為後果，這些行為如何影響你和其他人，而不是強加後果在你身上。他們視錯誤為學習機會；有時候你可以在準備好學習之前，選擇「積極暫停」（在一個你共同創造的空間裡）讓自己感覺好過一些。

你會怎麼面對這個新世界？我們猜想，要你放棄依賴或反抗那些使用外在動機（懲罰與獎賞）的大人，進而學會負責，並與主張使用內在動機（教導社交技能、以尊重的態度解決問題）的大人合作，並不是件容易的事。這個新世界對於習慣根據行為來規訓學生的老師來說，也不見得容易——他們也需要在意識層次進行一次典範的轉移。以下圖表可以幫助老師探索兩種不同學說的差異。

## 兩種對立的人類行為學說

泰芮．查德西（Terry Chadsey）、喬迪．麥克維提（Jody McVittie）——正向教養認證培訓師

| | 美國學校內主流與傳統的教學方式（常見的做法） | 正向教養的教學方式（解決問題導向） |
|---|---|---|
| 誰發展出該理論？ | 巴夫洛夫*，桑代克*，史金納* | 阿德勒、德瑞克斯、葛拉瑟*、尼爾森、洛特、狄克梅爾* |
| 根據該理論，什麼是人類行為的誘因？ | 回應環境中的獎賞與懲罰 | 在社會情境中追求歸屬感（連結）與自我價值（意義） |
| 我們在何時對別人的行為產生最大的影響？ | 在我們回應特定行為的時候 | 在一個相互尊重的持續關係裡 |
| 大人最有力的工具是什麼？ | 獎賞、激勵和懲罰 | 同理、了解學生的信念、合作解決問題、溫和且堅定、貫徹執行 |

*巴夫洛夫（Pavlov），俄羅斯生理學家、心理學家、醫師。
*桑代克（Thorndike），美國心理學家、動物心理學的開創者，心理學行為主義的代表人物之一。
*史金納（Skinner），美國心理學家、行為學家、作家、發明家。
*葛拉瑟（Glasser），美國心理學家，現實治療法的創始人。
*狄克梅爾（Dinkmeyer），鑽研阿德勒學派心理治療，從事班級輔導、親職教育、團體諮商等領域。

| | | |
|---|---|---|
| 對不當行為的反應為何？ | 責備、孤立與懲罰 | 先連結、再糾正，專注於解決之道，貫徹執行，處理行為背後的信念 |
| 對危險和破壞性行為的反應為何？ | 責備、孤立與懲罰 | 確保安全，以負責和彌補的計畫進行後續處理 |
| 學生如何達到最佳學習狀態？ | 當大人對學生行為有效控制時 | 當學生掌握社交與情感技能，發展自我控制，感覺與他人連結，並對課堂有所貢獻時 |

在正向教養研討會與課程開始時，我們會透過請老師擬定一份想傳授什麼給學生的清單，幫助他們提高需要改變的意識——希望學生發展出什麼樣的人格特質與生活技能。三十多年來，不同國家中數以百計的團體都擬定過這份清單，內容基本上是一樣的：

## ● 人格特質與生活技能

- ✽健康的自尊
- ✽合作力
- ✽責任感
- ✽善良
- ✽自律
- ✽同理心
- ✽同情心
- ✽愛護自然

- 尊重自己與他人
- 誠實
- 解決問題的技巧
- 終生學習者
- 幽默感
- 自我激勵
- 彈性
- 快樂
- 勇於負責
- 社會意識
- 相信個人能力

你注意到這張清單並不包括學術技能。於是我們問教師們，有多少人認為這些品格與生活技能和學術能力一樣重要。每位教師都舉起了手。然後他們說，這些品格與生活技能甚至比學術能力還更重要，因為孩子們需要擁有這些素質來進行學習。接著，我們邀請教師們一起腦力激盪並擬出一份問題行為清單。不管來自於哪個國家，這份清單也非常類似：

**問題行為**

- 不聽話
- 打架
- 頂嘴
- 抱怨
- 缺乏動機
- 鬧脾氣
- 講粗話
- 一直在傳簡訊
- 干擾
- 媒體成癮

- ✽功課問題
- ✽違抗
- ✽拖延
- ✽頑固
- ✽在課堂上睡覺
- ✽霸凌

我們接著向教師們展示，如何將問題行為轉變成學習機會，教導他們希望學生擁有的品格與技能。透過參與「啟發式提問」的有趣活動，老師們從自己的經驗中學習。

## ⊕啟發式提問 VS 命令式

### ● 目標

✽教導老師如何將問題行為轉變成學習機會。

✽教導他們希望學生擁有的品格與技能。

### ● 步驟

①邀請一名志願者扮演學生，十六名以上的志願者扮演老師。

②將老師們排成兩排，每排八個人。其中一排的八位「老師」負責「命令」，另一排負責「啟發式提問」。

③請「學生」走向負責「告知」的那一排「老師」。「學生」站在每個「老師」面前，聽他或她要說什麼，不做任何回應。「學生」只要注意自己的想法、感受和決定。

### 「命令」的陳述

A 你知道在上課前應該把書本和功課準備好。
B 不要忘記在休息時帶上外套，並確實穿好——外面很冷！
C 如果你沒有在課堂上完成作業，休息時要留在教室裡做完。
D 在離開教室前，把作業簿放好，並把書本放回書架上，然後打掃乾淨！
E 為什麼你不能像莎莉一樣安靜坐好？
F 停止發牢騷和抱怨！
G 好，是誰起頭的？
H 因為你說話，要罰一張紅卡。

④在聽完這些陳述後，我們邀請「學生」分享想法、感受和決定。接著，我們給「學生」看那份「人格特質與生活技能」清單（詳見第三十四頁），問他是否學習到任何清單上的項目——答案總是否定的。

⑤接著，學生走向負責「啟發式提問」的那排「老師」。「學生」站在每個「老

師」面前，聽他或她要說什麼，不做任何回應。「學生」只要注意自己的想法、感受和決定。

## ●「啟發式提問」的陳述

A 你上課前需要把什麼準備好？

B 下課時在外面要保暖的話，你需要穿什麼？

C 在下課前，你計畫怎麼做完功課？

D 在你離開之前，怎麼清理書桌和教室？

E 在準備上下一堂課之前，誰可以示範要怎麼坐好？

F 你要如何表達才能讓我聽到你在說什麼？

G 你們兩人如何解決這個問題？

H 我們對於在安靜時不打擾別人的協議是什麼？

⑥ 聽完這些陳述之後，我們邀請「學生」分享想法、感受和決定。注意聽的老師會學習到，提問的陳述在幫助學生學習思考技能和合作力上有效得多。我們接著給「學生」看看那份「人格特質與生活技能」清單，並詢問他或她是否學習到上面所說的任何特質。答案幾乎都是「大部分」。

這項活動突顯出**行為主義和正向教養之間的差異—前者命令孩子怎麼做（聽話就接受獎賞，不聽話就接受處罰），後者則邀請孩子思考怎麼做**。

為什麼「提問」會比命令來得有用？**命令**通常會在身體上引發抗拒，送到頭腦的訊息是**反抗**。相反地，尊重的**啟發式提問**讓身體感到放鬆，送到頭腦的訊息是**尋找解答**。學生感覺被尊重、珍惜參與的機會、覺得自己更有能力，這樣一來，通常會決定合作。

## 幻想VS現實

許多老師幻想著啟發學生熱愛學習，然而，現實中問題行為的艱難挑戰往往會阻礙幻想。聲譽卓著的大學進行多年研究顯示，懲罰和獎賞對長期的行為改變起不了作用*，但教育行政人員卻持續引進更多基於懲罰與獎賞的管教課程來協助教學。這些計畫看起來似乎有用，是因為它們立刻停止了許多的問題行為，然而，卻忽略了這對孩子所產生的長期負面效果。

*艾菲．柯恩（Alfie Kohn）在《被獎賞懲罰：金色星星、誘因計劃、A評分、讚美，和其他賄賂方法的問題》（*Punished by Rewards: The Trouble with Gold Stars, Incentive Plans, A's, Praise, and Other Bribes*，暫譯）一書中，引用數百項研究成果（埋藏在不同學術期刊中）來說明，懲罰和獎賞在長期來說為何無效。柯恩表示，雖然用誘因控制人似乎短期間有效，但這個策略最終會失敗，甚至造成持久的傷害。他認為，如果我們持續依賴建立於實驗室動物之上的動機理論，我們的工作場所和教室將無法改善。

為了說明這個難題，我們將以「人類行為冰山」來作比喻。

## 「人類行為冰山」的比喻

許多管教課程只處理了人類行為的冰山一角——可以看到的部分，亦即學生的行為——這些課程企圖使用懲罰和獎賞來管理行為。正向教養不只處理冰山一角，也處理了水底下的部分。

心理學家魯道夫・德瑞克斯告訴我們，**行為不當的孩子是一個受挫的孩子**。換句話說，當孩子失去歸屬感時，他們就會出現不當的行為——他們選擇錯誤的方法尋找歸屬感和自我價值。**如果老師只是處理表面的問題行為（可見的部分），引發行為的挫折感就會被忽略。我們將埋藏在表面下的部分稱為「行為背後的信念」**。

我們不難理解為何老師像其他大人一樣，只處理表面看到的問題。他們可能從未想過學生像一座冰山；即使想過，他們也缺乏工具或知識來探索冰山下的世界。老師很容易相信，問題在於行為本身，而不是行為背後的信念。當老師只處理行為

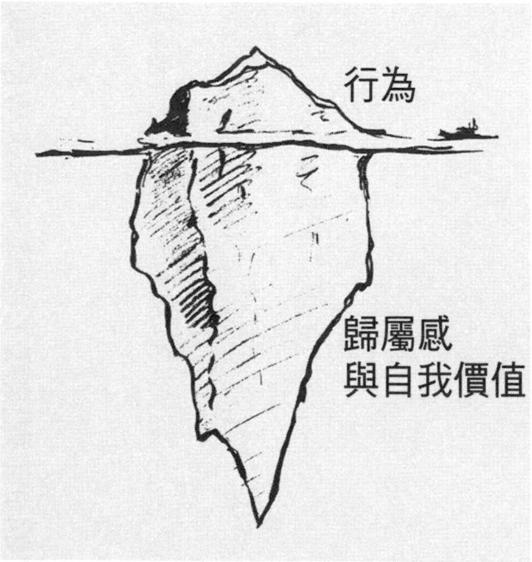

時，學生經常會產生更多的挫折感，出現不當行為的機會也會增加。

## 了解冰山下的部分

孩子持續根據個人對生活的感知或私人邏輯，無意識地在做決定。

● **關於孩子自己的決定：**

像是「我乖，還是壞？我有能力，還是沒能力？我重要，還是不重要？」

● **關於別人的決定：**

「他們會鼓勵人，還是會打擊人？他們會幫助人，還是傷害人？他們喜歡我，還是不喜歡我？」

● **關於這個世界的決定：**

「這個世界是安全的，還是可怕的？是滋養的，還是有威脅性的？是一個可以讓我成長茁壯的地方，還是一個我要掙扎求生的地方？」

孩子沒有意識到自己在做這些決定——根據他們感受歸屬感和自我價值的需要——但這些決定會變成信念，進而影響行為。

當孩子感到安全——感覺自己有歸屬感和重要性時——他們會茁壯成長。他們會發展成有能力的人，擁有老師希望傳授的人格特質與生活技能。而當孩子認為自己沒有歸屬感和不重要時，他們會出現求生行為——經常被視為不當行為的求生行為，根據的是尋找歸屬感和自我價值的錯誤信念。（將在第四章詳細討論這個區別。）

我們認為**使用懲罰和獎賞來激發行為的長期後果是挫折感**。喜歡獎賞的孩子很快會以獎賞決定動機，他們不會因為內在獎勵——即使無人關注，也會因自我滿足感而選擇做對的事——而成為有貢獻的社會成員。

## ● 懲罰的長期效果

✲懲罰的三R

**叛逆**（Rebellion）：「他們不能逼我。我想怎樣就怎樣。」

**報復**（Revenge）：「我會扯平並報復，就算這對我的前途有害。」

**退縮**（Retreat）：

①自尊低落：「我一定很糟糕。」

②狡猾：「我下次不被抓到就好。」

## 正向教養實例

我利用班級會議引導四年級學生互相了解，並欣賞彼此的正面特質。為了幫助他們練習讚美和欣賞，在學期初舉行班級會議時，我會從桶子中抽出一個學生的名字。請學生們腦力激盪，說出這個人所有的優點和特質，我則在一旁記錄──對於學生們注意到彼此有多少正向和美好的特質感到驚訝。

然後，我會利用這些班級會議紀錄，為每個孩子製作一張海報，包括記錄下來的所有優點和孩子的照片。這些海報會掛在四年級教室外面，讓全校看到。這個過程有助於學生建立社群意識，並重視自己的獨特性與貢獻。學生有機會聽到同學和我對他的肯定──這多麼具有鼓勵性！到了學期中，當海報在走廊上掛了一段時間後，我會讓學生將這些珍貴的海報帶回家與家人分享。

──奧林女士（Mrs. Ohlin），喬治亞州．桑迪斯普林斯（Sandy Springs, Georgia）四年級老師

既然懲罰在長期來說會造成三 R 的效果，為何還有這麼多管教課程是基於包含懲罰在內的模式，像是前幾年的「罐子裡的彈珠」*，或是現在流行的色卡制度？也許使用

*當罐子裡的彈珠達到一定數量後，由老師給予全班同學獎賞。

懲罰制度的行政管理人員和老師們不了解這些方法對學生（基於學生對自己所做的決定）和學生家庭的長期影響。也許，他們只是在尋找「簡單」的方法來遏止問題行為；也或許，懲罰所具有的「短期效果」讓他們覺得有用。

### ＋正向教養實例

今天，一個四歲的男孩氣沖沖地離開畫桌，大聲喊著：「我很生氣、很難過、很不開心。」助教陪著他走到舒適的墊子區，在那裡，他用毯子把自己裹起來，不發一語，只是尖叫和踢墊子。他拒絕和助教說話，持續尖叫。我坐到他身邊輕聲說：「我需要一個擁抱。」他繼續尖叫和扭動。大約十五秒鐘後，我重複道：「我需要一個擁抱。」他停止尖叫，揮舞著手腳，背對著我。再過十秒鐘後，我再說一次：「我需要一個擁抱。」接下來是一個長長的停頓。他轉過身，爬到我的腿上，抱住我。我問他想自己回到畫桌旁，還是希望我陪他一起走過去。他想要我陪他一起走過去。他回到桌旁，愉快地完成作品，然後離開桌子。

——史蒂芬・福斯特（Steven Foster）L.C.S.W.，與特教兒童工作的早教社工師，正向教養導師*

色卡是一種基於懲罰的管教方式，似乎能讓人看到立即的效果。不過，有些家長（和兩位老師）在正向教養的社群媒體上，分享了自己對色卡制度的沮喪經驗。

「我兒子昨天開始上幼兒園，」一位名叫洛瑞的媽媽寫道，「我需要一些建議。昨天和今天，他的老師一次帶一個學生出來讓父母接回家。」我注意到老師會利用這個機會向父母說明孩子的行為。老師會說類似這樣的話，「孩子今天過得很愉快——做得好，媽媽」，臉上帶著燦爛的笑容；或者，細數孩子在當天犯下的「罪行」。

還好，我的孩子是最後一個被帶出來的——我是幸運兒之一——這樣一來，當老師羞辱我們說「他早上表現得很好，但下午卻拿到一張紅卡」時，旁邊沒有其他人。我發誓，今天會在老師有機會當眾羞辱我們之前，牽著兒子的手，向她揮手道別。

兒子在放學後告訴我——他被罰站了，因為他的卡片在下午被移到紅色。我問他事情發生的經過，以及明天他該如何避免同樣的事情再度發生後，繼續和他共度這個下午。

＊簡．尼爾森、史蒂芬．福斯特、阿琳．拉斐爾，《跟阿德勒學正向教養：特教兒童篇》（*Positive Discipline for Children with Special Needs*，暫譯），第55頁。

「先生和我都很不高興，他認為我需要向老師說點什麼。看到孩子和父母臉上的表情，真的讓我感到難過——這讓我心痛，因為他們看起來十分沮喪。雖然我同意先生的觀點，但我無意冒犯老師、和她起衝突。如果老師認為我在批評她的教法，我不知道會出現什麼情況？」

「請幫幫我！我應該說點什麼嗎？如果是的話，你們會建議我怎麼做才好？」

◇ ◇ ◇

第二位家長則分享了這個故事：「我兒子上三年級。他經常需要『移動他的卡片』（現在許多老師都在使用的那種，以顏色編碼的可怕行為圖表），並被罰一個人坐在離同學遠遠的位子上，或是課間不准休息。」

「上週，他被送到校長辦公室三次！一次是因為在上課時打斷老師七次（尋求同儕注意力）；一次是在桌上著色時，老師喊停，他沒有停；一次則是因為對老師翻白眼。我對於聽到老師所有負面的評語感到疲倦。他如果在學校惹麻煩，我就應該在家裡沒收他的電動玩具並剝奪其他特權。但我不想這麼做，我先生卻認為應該這麼做——我們因此爭吵，彼此都感覺自己是糟糕的父母。有人問我色卡制度是否對我兒子有幫助。答案是：一點都沒有。」

兩位老師提供了他們對色卡制度的評估。

「作為一名老師，」珍妮佛寫道，「我向來喜歡聽聽父母的觀點，可以藉此改善我的課堂管理。我很幸運能夠在一所今年即將取消色卡制度的學校任教。這真的太好了！從正向教養的角度來看，我不喜歡使用它；再者，我覺得在課堂上使用起來很麻煩，因此我幾乎忘了用它。我當然不能代表所有的老師，但如果有父母向我表達他們的擔憂，我不會覺得被冒犯，反而會感到很尷尬——竟然沒有意識到這對他們和孩子所產生的影響。我相信這制度原來的用意是好的。」

◇◇◇

「與珍妮佛一樣，我也是老師，」希瑟寫道。「我教一年級的學生。多年來，我一直使用正向教養的方法，但學校裡大部分的老師都不是。色卡與剪貼卡是許多老師愛用的方法；跟許多正向教養教師一樣，我認為它們很糟糕。針對這個話題，我有很多話想說，但我最想說的是，對於許多父母開始意識到色卡制度對孩子有多不利，並勇於向當眾羞辱孩子的老師表達意見這件事，我認為很棒。」

「那些在學校使用色卡制度的老師們，我真想不出他們之中有誰不願至少聽聽父母的擔憂。如果你以尊重的方式提出（並拋出一些好的啟發性提問），孩子的老師會很願意傾聽。你可以加上一些像是『**我知道你有多關心學生，我知道你剛認識我的孩子，我相信你可能沒有意識到，每次要上學前她／他有多緊張**』這些說法。」

我們不認為孩子應該推卸違規行為的責任。本書介紹許多非懲罰和非獎賞的工具，來教導孩子可被社會接受的行為。**正如孩子學習課業需要時間一樣，學習社交技能也同樣需要時間。**

想想孩子在學會說話前經過了多少努力——長年的範例練習，先從單詞開始，聽到更多範例，被鼓勵造句，多年持續發展並精進語言能力。為什麼其他類型的學習就必須立刻生效？如果孩子每次犯錯都會受到羞辱和懲罰，他們如何學會說話？

**孩子是在生活中學習的。如果我們希望孩子在成長過程中學會善良、堅定和尊重，必須確保他們生活在這樣的環境中。**

◇ ◇ ◇

讓時間推移到過去。以下的故事來自琳．洛特——本書作者之一，是一名心理治療師。她告訴我們一位十六歲女孩在幼兒園時期心理受創的故事。

「昨天我的治療對象是一位轉介過來的十六歲女孩，她有超過一年的嚴重胃病，但始終查不出病因。我們回顧了她的一些童年記憶，推斷她早年所建立的核心信念。她的第一個記憶是幼兒園時期，她在課堂上因為講話被老師糾正了四次，並被叫去坐在一張『反省椅』上——即使是五歲，這種情況也令人感到羞辱和難堪。」

「在學校受到懲罰後（第一次懲罰），她的父母被請來學校會談。老師解釋說，他們的女兒（獨生女）因為太愛講話，所以不許參加幼兒園的戲劇演出（第二次懲罰）。回到家後，她的父母教訓她，並把玩具拿走作為懲罰（第三次懲罰）。」

「她決定小心行事，盡量避免麻煩。她對避免麻煩的詮釋是：保持低調，包括成績平平，這樣她就不會太突出；而當她拿到 A 和 B 時，她會很緊張，然後想辦法拿 B 和 C，這樣就不會有人對她抱太多的期待。此外，她不再關心學校，或認為上學重要。很不幸地，這個決定讓她胃痛——胃真的在痛！」

過度使用懲罰無異於一種虐待。如果老師和父母知道，懲罰會對孩子帶來終身的問題，他們就會尋找替代方案。換言之，他們只是不了解或沒有考慮到，這些方法所帶來的長期後果。

這本書提供許多替代方案。如果我們只能選擇一種取代色卡制度的替代方案，那便是去問一名行為不當的學生，「我們該如何解決這個問題？」這並不會讓孩子感到羞辱；相反地，這有助於他們感受能力，並教導孩子專注於改正錯誤上。（第七章將有更多關於解決方案的探討。）

## 正向教養實例

這發生在今天我在學齡前班上社交技能課時。瑞恩的早晨過得糟透了，他不斷打其他小孩、叫大人閉嘴、亂跑……在這一天快結束時，我將他帶到一邊，描述了他的一天。我告訴他，看起來他今天過得很不好——其他孩子對他很生氣、他叫大人閉嘴。如我預料的，他也再度叫我閉嘴……我問他是不是家裡發生了什麼讓他煩惱的事。

「閉嘴！」

我說真的想幫他，但不知道該怎麼做。

「閉嘴！」

我問他是否想要一個擁抱。

「不要！」

「嗯，你覺得這樣很噁心，你不想要一個擁抱。你知道嗎？我需要一個擁抱。你願意給我一個擁抱嗎？」

他瞪了我長長一眼。我什麼也沒說。

他撲向我並壓在我身上。

「哇，這是一個很棒的擁抱！我可以再要一個這樣的擁抱。」

他又抱了我一次。

接著，我們一起去吃點心。他的生活仍處於混亂之中，但他上課的最後十分鐘進行得很順利。

擁抱的效果果然強大。

要求擁抱，即使在孩子不發脾氣時也很管用。

——史蒂芬・福斯特（Steven Foster）L.C.S.W.

3

CHAPTER

# 改變教室氣氛，<br>從了解領導風格開始

## 溫和堅定的教師，<br>協助孩子制定慣例、從經驗中學習

透過改變自己，

我們就能改變生活與周遭的人的態度。

——魯道夫．德瑞克斯

教學令人沮喪的一面，是老師很難看到自己辛勞的果實——他們播下種子，卻從未享受過收成。但在正向教養的教室裡，老師不需要孤單地播種、獨攬一切的工作。溫和與堅定兼具的領導風格所帶來的好處，幾乎立即可見。

負責任的公民必須具備高度的「社會情懷」——為社會做出貢獻的真誠願望。在正向教養的教室裡，學生們一起解決問題，學習相互尊重、互助合作的技巧。他們將體驗到如何正確的使用權力，而這種賦能感會減少他們為了爭奪權力而發洩情緒、製造問題。

以下故事讓我們看到，教師如何提早體驗培養學生成為一名負責任的公民的喜悅。

## ✚ 正向教養實例

無庸置疑地，我們的學生正在學習如何表達自己、解決問題，以及互助合作！我想分享一個令我動容的故事。班級會議是正向教養的一個核心部分，類似在家裡舉行的家庭會議，我們所有的學生都會定期召開班級會議。

這一屆的四年級生學會了如何舉行班級會議，並自己負責議程與解決問題的步驟。幾週之前，一名老師告訴我，幾位四年級的同學在午餐時間舉行會議，計畫組織團隊，進行選舉。差不多在一週之後，另一名老師告訴我，四年級生想要製作海報，來表達他們對利比亞人民的支持，並抗議他們現在所遭受到的不公不義。

接著，一些四年級生到辦公室來找我，想和我敲定開會的時間，討論他們共同組成的社團——對照我和他們的行事曆，並選擇在昨天的休息時間開會。當我今早抵達辦公室時，我看到一封電子郵件，寄件人是那位創立社團的九歲孩子，他告訴我更多關於這個社團與其成立宗旨種種。以下是來自這封郵件的摘錄：

「我們注意到地球的環境變得愈來愈惡劣。我們想要透過我們的力量來改變世界，因為我想讓孩子認識到，我們可以完成不可能的任務。這是我成立『孩子可以改變世界』（KCCW，Kids Can Change the World）的目的。要加入，你必須未滿十八歲（除非你十八歲前曾在這裡工作過，但現在超過十八歲）。我想請你幫我一個小忙，將『孩子可以改變世界』分享給你認識的每一個人。我們成立的目的是：

- 終止貧窮
- 終止戰爭
- 終止汙染
- 拯救瀕臨絕種的動物
- 鼓勵教育
- 終止毒品
- 人人自由

『孩子可以改變世界』的座右銘是『讓世界變得更好』。」

我以為當天只會跟幾名學生開會，所以當四年級生幾乎全班出席時，我非常感動。他們顯然相當投入「孩子可以改變世界」這個活動，而這個社團的成員還在持續成長中！「孩子可以改變世界」是一個清楚的例子，說明當你相信學生的能力，並根據這份相信來行動時，可以產生什麼樣的效果。這些學生真心相信他們可以讓世界變得更美好，而我也相信他們做得到！這是我們學校培養出孩子的領導風格與組織能力的典範。若非透過正向教養，這些學生無法培養出自己可以改變世界的信念。

——迪娜．伊列特比，「新地平線」小學校長，加州歐文市一所實施正向教養的學校

## 三種無法「賦能」的領導風格

教室氣氛的塑造要從老師做起。當老師以獎賞表現溫和，以懲罰表現堅定時，會讓孩子在評估自我價值上感到困惑與恐懼：「我現在是好男孩或女孩，還是壞男孩或女孩？」但是當老師同時溫和且堅定時，則能夠幫助孩子變得負責可靠、靈活能幹、能力十足、關懷他人與肯定自我。

一名小女孩對奶奶說，她在學校裡拿到了一張黃卡。奶奶問她黃卡代表什麼。「哎喲，

這代表我有一點壞啦！」小女孩說。這讓奶奶大吃一驚，因為寶貝孫女居然認為自己壞，而沒有了解到這是一種行為上的問題。

太多大人期待孩子在沒有練習、犯錯、學習與再嘗試的情況下，擁有智慧和良好的判斷能力。正向教養的教室給孩子許多時間練習。相互尊重的基礎與學生的參與是必要的；再說，溫和與堅定的態度不但能夠鼓勵學生，也能幫助他們找到歸屬感和自我價值感——行為也會因此改善。

你是否同時溫和與堅定？如果不是，請參考下列三種領導風格，看看自己屬於哪一種。了解自我和自己的領導風格很重要，這樣才能決定要改變什麼，以及是否需要改變。

有些領導風格很常見，卻無法賦予孩子能力、培養社會意識，我們稱之為「老闆」、「地毯」和「鬼魂」。

- **「老闆」**：認為「不照我的方法做，就不要做。我會告訴你如何表現，該做什麼，你最好照我說的做，不然你就麻煩大了。」
- **「地毯」**：認為「我存在的目的就是要讓你開心和舒坦。你告訴我想要什麼、需要什麼，我會滿足你的。」
- **「鬼魂」**：是一個缺席的領導者，如果不是實際上缺席，就是情感上缺席，心存僥倖，更在意其他事務。

具有這些領導風格者，會使用懲罰和獎賞作為管教方式。**懲罰，是預設孩子須為其所作所為或沒有做到的事付出代價**。換句話說，「為了讓孩子做好，首先要讓他們感覺不好。」這種方式通常會導致怨恨、報復、反叛和退縮。**獎賞，是假設孩子只有在接受外在獎賞時，才會做大人叫他們做的事**。這種方式抵消了孩子在努力付出後發自內心的良好感受，並經常導致孩子要求更大且更好的獎賞。

## 改變行為的正向教養

採取正向教養方法的老師，會尋找機會幫助孩子從經驗中學習。允許「自然後果」其實是一種管教方式。**「自然後果」是在大人不介入下所發生的情況**。如果孩子忘記帶雨衣，而那天下雨了，他就會淋濕。如果孩子插隊了，另一名同學可能會說「不能插隊。」如果孩子忘記帶便當，其他同學可能會分享自己的飯菜——特別是那些父母幫忙準備、而他們不喜歡吃的食物。

許多在教室裡發生的問題，都能在沒有大人介入的情況下，很輕鬆、快速地獲得解決。如果你對袖手旁觀感到不安，至少在腦中倒數十下，並在插手進行微管理之前，看看會發生什麼。

## 溫和堅定的老師：傳授「錯誤是學習機會」的觀念

老師有許多機會幫助學生改變被誤導的錯誤觀念。你的班上肯定有很多學生會玩電動玩具或電子遊戲，以這類情境來討論「錯誤」會相當有效果。當孩子在玩遊戲時犯了錯，他們會再試一次；他們也許要經過上百次的嘗試，才能想出辦法解決某個問題或晉升到下一關。電玩遊戲不會責備或羞辱玩家；它的設計鼓勵人持續嘗試，並從過去的錯誤中學習。生活也是一樣。世界上每一個人只要活著就會繼續犯錯。

**隱藏錯誤會讓人感到孤立—被隱藏的錯誤無法被修復，也沒有人能從中學習。好的判斷來自經驗，而經驗則來自糟糕的判斷。**

因為我們都會犯錯，將錯誤視為學習機會，而非無能的表現，是比較有益的。當全班同學都了解，他們可以透過犯錯來學習，個別學生就不會在意為錯誤負責。他們會**把錯誤視為獲得同學寶貴協助的機會**。他們會確實學到，即使是個錯誤，為自己的行為負責是值得驕傲的，因為這不表示自己很糟糕，或是會有麻煩。**傳授錯誤是美好學習機會的方式之一——讓班上每一位同學分享自己犯過的錯誤，以及他們從中學到了什麼**。另一個方式，則是進行以下的活動。

**活動名稱** 錯誤是美好的學習機會

**活動目的**

✽ 幫助老師意識到自己關於錯誤的不正確觀念。

✽ 教導學生關於錯誤的正確觀念。

**活動步驟**

① **請學生回想童年與求學時期（或想想現在）的經驗。**

回想曾聽過關於錯誤的訊息，包括明說和暗示的，將它們寫下來。以下是一些典型的訊息：

✽ 錯誤是不好的。

✽ 你不應該犯錯。

✽ 如果犯錯，就表示你很笨、很壞、很無能，或是個「魯蛇」。

✽ 如果犯了錯，別讓人發現。如果有人發現了，即使說謊，也要編出藉口。

② **根據這些訊息，你形成了何種自我觀感，或在犯錯時會怎麼做？**

一些典型的觀感包括：

✽ 我犯錯，就表示我很壞。

✽ 如果我犯錯，人們會瞧不起我。

✽找藉口並怪罪別人，都勝過於負責。

✽如果知道自己無法把事情做對、做好，最好不要冒險。

③ **說明這些自我觀感都是關於錯誤的「不實想法」**。與學生討論，在他們認識的人當中，是否有人在犯錯後，為了掩飾錯誤，而讓自己愈陷愈深。接著，討論人們對於那些願意承認錯誤、道歉，並試圖解決問題的人，可以表現出多大的寬容。

## 溫和堅定的老師：使用鼓勵而非讚美和獎賞

「鼓勵」是本書討論的所有觀念的基礎。鼓勵，向學生傳達他們的**行為**與他們**是誰**是兩回事；鼓勵，讓學生知道，他們的獨特性不會遭受批評，而會被重視。

想想自己會對拿 A 與 B 成績的學生說什麼。你可能會說，「你表現得真好。你一定覺得自己很棒。你真的很聰明。」如果同樣一名學生只拿到 D 和 F，你又會說什麼？他仍需要支持性的回饋，但這時要給出積極的回饋可能比較困難。以下是幾個範例：

✽你對自己的成績感覺如何？

✽怎麼了？你知道自己的成績為什麼會下滑嗎？

- 在改善成績上，你需要幫忙嗎？我很願意在拼字上幫助你。
- 嘿，每個人都有可能拿到不好的成績。我們還是很喜歡你。
- 我猜你會害怕給父母看到這個成績。

以下是一個關於鼓勵的練習，你可以用在學生身上，或在開教師會議時使用。

**活動名稱** **鼓勵Go***

**活動目的**

- 幫助學生了解，即使在學會一項新技能後，有時仍不免會感到挫折。
- 給予他人鼓勵。

**所需材料**

- 資料卡
- 原子筆或鉛筆
- 裝資料卡的袋子或帽子

### 活動步驟

①發給每位學生一張資料卡。

②給學生一些可能動搖自信的範例：

- 嘗試某件事，卻成效不彰。
- 感到沮喪，無法停止尖叫或凶巴巴。
- 當你嘗試時，有人批評或取笑你。

③請學生在資料卡上寫下當自己信心動搖時，想要聽到的鼓勵。如果他們還不會造句，請他們口述給已經會造句的人聽，或是用畫圖的方式。你可以給學生範例：「我知道你能想出辦法」，「加油——你做得到」，還是「需要幫忙嗎？如果你想，我可以幫忙」。

④在他們寫的時候，告訴全班同學，每個人在下課之前，都會拿到一份來自他人的鼓勵。

⑤繞教室一周，將資料卡收集到袋子或帽子裡。記得謝謝每一位學生。

⑥繼續上課。

⑦在下課之前，請每位學生從帽子或袋子裡抽出一張資料卡帶回家。

＊這個活動由伊莉莎白・丹紅與史蒂夫・佛斯特首創，經過琳・洛特和簡・尼爾森修訂，供教師使用。

## 溫和堅定的老師：與學生一起制定日常慣例表

日常慣例表建立秩序感與穩定感。當日常生活能順利進行時，對每個人來說都會比較輕鬆。日常慣例表是學生可以依憑的準則。**讓日常慣例表「發號司令」，老師或學生都不須再指示事情的做法。**

對學生來說，聽到「誰能告訴我，日常慣例表上的下一個步驟是什麼」，會比聽到「我要你現在拼寫」更具有賦能的效果。第一種說法表示，老師請學生檢視日常慣例表，查看須要完成的事；第二種說法則暗示，老師握有控制權。許多學生在被告知做事時，會產生反叛心理；但如果學生受到重視並參與其中，他們會願意做該做的事。

大多數老師在課堂上建立許多日常慣例表——我們建議你找機會讓學生一起參與制定。**想取得最大的成功，就要給予有限的選擇。**詢問學生想先做數學還是英文，想在午餐之前還是放學之前上藝術課。

制定日常慣例表對於制定交作業的時間、決定材料的分配與收集、擬定小學生在休息時進出教室的動線或隊伍、在教室外須遵守的流程（例如集合、校外教學、消防演習）等特別有效。只要遵循以下這五項制定日常慣例的原則，你就能制定出可預期、具一致性、並尊重學生的日常慣例。

## ⊕制定日常慣例五項原則

**①一次關注一個議題。**

首先，制定作業慣例。在試行一週後，評估一下效果。如果效果不好，再想想收集和發放作業更好的辦法。

**②在每個人冷靜而非衝突時討論議題。**

如果你注意到某個日常慣例效果不佳，寫個備忘錄，或將議題放到班級會議的議程上；在每個人都冷靜下來，或是在班級會議上，請大家幫忙改善此一日常慣例。切記，選對時機討論議題很重要，試圖在混亂中解決問題會非常困難。

**③使用視覺性的說明，像是圖表與清單。**

當學生們對日常慣例的流程建立共識之後，由你或某位學生製作逐項說明流程的圖表。到了閱讀課時，問學生：「我們下一個流程是什麼？」讓流程「發號司令」，而不是老師。

**④透過角色扮演進行練習。**

請全班假想現在要進行某項活動，實際操作該活動的日常慣例，讓每個人知道會發生什麼事。

**⑤日常慣例一旦建立，就要確實遵守。**

如果有學生質疑或忽視建立好的日常慣例，問他：「你可以查看一下日常慣例表，讓我知道下一步是什麼嗎？」不要提醒或囉嗦，讓孩子犯錯，然後請他們查看日常慣例表上的流程。

建立日常慣例表會帶來安全感、放鬆的氣氛與信任感等長期效果；此外，也能幫助學生培養生活技能、學會對自己的行為負責、感受到自己的能力，並能在課堂上與同學互助合作。

## 舉行「家長——教師——學生會議」

我們提倡取消「家長——教師會議」，舉行「家長——教師——學生會議」。許多老師告訴我們，他們已經這麼做了。他們意識到，讓學生參與任何與自身相關的決策很重要。既然家長——教師會議的目的是鼓勵學生，那麼，讓學生一起參與豈不是更合理嗎？我們不是教孩子「在別人背後議論不禮貌」嗎？

為了確保家長——教師——學生會議具有鼓勵的效果，請事先進行準備。利用下面的問題建立一份鼓勵清單。

✽做得好的部分是什麼？
✽如何鼓勵和支持做得好的部分？
✽哪些方面再改進一點會更好？
✽如何鼓勵以加強改進？

在這份清單上，寫上學生、老師和父母的名字。分別給學生和家長一份清單，自己也留一份。請每個人在開會之前填好這份清單。如果孩子還不能自己寫答案，請他們用口述的，由老師或助手寫下來。

開會時，一一討論清單上的項目。請學生先分享做得好的部分；每位參與者針對做得好的部分表示感謝；一起腦力激盪需要鼓勵的部分，並繼續支持做得好的部分。

接著，請學生先分享需要改善的部分——學生知道自己哪裡需要改善，讓他們先說，有助於提升責任感，也可避免大人先說導致孩子出現防備心理。不過，最重要的是，會議上的每個人必須分享觀點。大家再次共同腦力激盪，想辦法來鼓勵和支持需要改善的部分。讓學生選擇哪些建議最有幫助；當學生和大人在需要改善的事情上意見不同時，請每個人輪流分享理由，其他人則專心聆聽。父母和老師很有可能與學生的目標不同；

如果在目標上未能達成共識，學生不會願意努力改善。

大人們可以閱讀《飛向成功》（*Soar with Your Strength*）一書，擷取書中的睿智觀點。這本書開頭引用了一個很有趣的寓言：有一隻鴨子、一條魚、一隻老鷹、一隻貓頭鷹、一隻松鼠與一隻兔子在同一所學校上課，課程表裡包括了跑步、游泳、爬樹、跳躍與飛翔。所有動物都至少有某個領域的強項，但在其他領域則注定失敗。在讀到這些動物被父母和教職人員要求——要畢業就須成為全方位發展的動物，因而經歷許多懲罰和挫折時，真讓人感到不忍心。本書最重要的觀點是：「卓越可以透過專注於優點，並妥善面對缺點來達到，而不是消除缺點*。」

教導學生妥善面對缺點、邁向成功——父母、老師和學生可以互相幫助，一起邁向成功；當我們感受到鼓勵時，就不難做到這一點。

## 你是什麼動物*？意味你是什麼領導風格

培養溫和堅定的領導風格，關鍵在自我覺察。這是另一種覺察你的領導風格與個性如何影響班級管理的方法。你是一隻變色龍、烏龜，還是老鷹？想知道，請回答下列的問題：

你最想避免處理的是：痛苦與壓力，拒絕與麻煩，無意義與不重要，批評與嘲笑？

將這些字眼大聲地唸出來，留意你對哪一組字眼的感覺最不舒服。

## 痛苦與壓力——烏龜老師

如果你選擇痛苦與壓力，你便是一名烏龜老師。作為領導者，你處理學生的態度有創意、圓融、親切、寬容和溺愛。一旦遇上壓力，你會縮進舒適的龜殼裡；如果事情讓你抓狂，你會搖身一變成為暴走烏龜，把所有人都嚇跑，直到你覺得安全為止。你想改變這種領導風格嗎？我們建議你進行三個步驟：**制定日常慣例、與他人溝通、允許孩子承擔自我選擇的後果**。

## 拒絕與麻煩——變色龍老師

如果你選擇拒絕與麻煩，你便是一名變色龍老師。你的領導風格是隨他人起舞。你很

---

*由唐納・柯里頓（Donald O. Clifton）、寶拉・納爾森（Paula Nelson）合著。另可參考簡・尼爾森、羅思琳・安・達菲（Roslyn Duffy）、琳達・埃斯科巴（Linda Escobar）、凱特・奧托蘭（Kate Ortolano）和黛博拉・歐文-索科奇（Deborh Owen-Sohocki）合著的《正向教養：教師指南A到Z》（*Positive Discipline: A Teacher's A-Z Guide*，暫譯），第61頁。

*根據琳・洛特與簡・尼爾森合著之《正面管教家長講師培訓指南》（*Teaching Parenting the Positive Discipline Way Manual*）一書中的「頂牌」（Top Card）活動。

友善、願意付出，但很容易受傷害。有時你會讓自己變成一塊地毯，或認為所有事情都在針對你。你喜歡受到學生的喜愛，所以必須注意別做過頭，或是只做討好而非維持秩序的事。當你有壓力時，必須努力設定界線，與人合作解決問題，並說出**真正**的感受；不要過度地退讓，也不要在背後道人長短，或在想拒絕時說「是」。

## 無意義與不重要——獅子老師

選擇無意義與不重要的人，是一名獅子老師。你是知識豐富的學習者；你具有主動性與崇高的理想性。可惜的是，你可能會累壞自己，或低估他人的能力。你會像要求自己一樣地要求別人，認為事情總能做得更好。在教室裡，我們建議你放棄什麼都要正確無誤的想法，相信別人，並培養自己的耐心。你有時在給意見時，會讓人感覺自大或過度批評，但這並非你的用意。我們認識一些獅子老師，在感到被威脅時，會大吼或狠狠地傷害對方——這並不是你。

## 批評與嘲笑——老鷹老師

如果你選擇批評與嘲笑，你便是一名老鷹老師。你是一個喜歡事先計畫並掌控全局的人。你做事若不是井然有序，就是極為散漫和拖延；你很難授權給他人，你喜歡當那個把事情處理好的人。當你有壓力時，你傾向退回自己的巢穴，但這會讓學生受驚嚇——

他們會以為被你拋棄。當你認為自己受到批評時，你會從一個平易近人、可預測的老師，搖身變成一隻尖叫、攻擊的鷲鳥。想改善你的領導風格？不妨試試說出自己的感受、授權並給予他人選擇？

若你認為這個關於領導風格的討論很有幫助且有趣，並想知道更多，可在琳・洛特的網站上找到更多互動圖表：www.lynnlott.com。

## 師生變化的光譜

許多老師習慣於指導學生，許多學生也習慣被老師指導——有效的習慣比較容易取代無效的習慣。在你開始幫助學生發展解決問題的能力時，要有遭遇抵抗的心理準備——從來沒有學會為自己負責的學生（因為老師藉由懲罰和獎賞處理一切），一開始可能不喜歡這個想法。不過，一旦他們體驗到作為一位有能力、有貢獻的成員，能夠感受到的尊嚴、自信與滿足後，他們就能做得到。

不過，如果老師不先改變自己的行為模式，學生也不容易改變。幫助學生學習自我控制、自我規範、負責任與解決問題的技能，不要猶豫，先從自己做起。

溫和堅定的領導者對「改變」抱持務實的態度。**改變是一個涉及自我覺察、技能發展、**

**實踐與時間的過程。**

回想自己學騎腳踏車的過程。大多數人並非第一次騎腳踏車就能上路。一開始，你不會意識到自己缺乏技能，而是想著「我做得到」。一旦你騎上腳踏車，你開始意識到自己缺乏技能，開始認為「我絕對學不會騎這個東西」。在輔助輪或身旁跑步陪你的大人協助下，你開始掌握踩踏的技巧，但你還是會尖叫，「別放手！別放手！」在輔助輪或大人的協助下，當你練習愈多後，你的技巧會變得愈好，最後你意識到自己掌握了騎車技巧，想著「我做到了！我做到了！」到了某一刻，輔助輪被拆掉了，在你身邊奔跑的大人也放手了，你知道自己做得到——儘管你可能還會搖搖晃晃或摔倒個一、兩次。一旦你經歷過這個過程，你就內化了這項技能，從此輕鬆地騎車。即使你好幾年沒騎，但你知道「自己永遠不會忘記怎麼騎腳踏車！」

這些與溫和堅定的領導風格有什麼關係？我們認為，切換到正向教養的教學法是同樣的過程。作為一名老師，你剛開始可能會想**「這很簡單，我做得到」——這是沒意識到自己缺乏技能的階段。**

一旦你試圖開始運用，一切看起來好像都太困難、太複雜了。不要停下來——這只是你意識到自己缺乏技能的階段。藉由「輔助輪」的協助與練習，你會更有自信去嘗試新的工具——即使你仍須思考該怎麼做，有時甚至還會跌倒。現在，你意識到自己有技能了。有一天，當你回頭看自己切換到正向教養方法的過程，你會懷疑自己不是一直都這麼做嗎？這表示你已經內化了這項技能。

對學生來說也是一樣。**改變具有挑戰性，而且需要時間和鼓勵。**大多數孩子的家庭都是上對下型的領導風格——父母最大，並對他們不喜歡孩子的行為施加懲罰；或者，他們會對孩子不斷地進行微管理。這樣的孩子不習慣自己思考或為自身的行為負責。在溫和堅定的老師領導下，他們可以進行轉變——但這不是一蹴而成的事。不過，努力是值得的。如果你在學期初提供好的訓練，並保持耐心和信心，孩子終會將這些技能內化，每個人也能更享受學校生活。

## 運用「教師互助解決問題步驟」

你注意到解決別人的問題比較容易嗎？理由很簡單。我們對別人的問題沒有情緒負擔，因此能以清晰的腦袋保持客觀。但有行為問題的學生容易惹惱老師，引發老師的被動反應而不是主動回應。這些學生比一般學生更需要理解和鼓勵——要處理這些學生的老師也是。

在面對管教問題時，學校會有一套處理程序，你必須尋求行政人員或諮商人員的支持與協助。我們建議你在這樣做之前，先試著依循「教師互助解決問題步驟」（詳見第七十五頁）。你可能因此產生正面的改變，進而帶給問題學生積極的影響。許多老師發現，進行這十四個步驟給他們帶來鼓勵學生和糾正學生行為的想法。學生和老師都從這個過程中得到力量，學校的管理負擔也因此大幅減輕。

老師可以輪流擔任輔導員、問題學生及參與角色扮演和腦力激盪的志願者，一起進行「教師互助解決問題步驟」。不過，你也可以和一或兩位朋友一起進行（其中一位擔任問題學生）。如果你任教於一所全校教師都在運用「教師互助解決問題步驟」的學校，你可以先和一、兩位朋友練習後，接著再和大一點的團體練習。

這些步驟將引導你擬定出行動計畫，幫助學生表現更好並產生良好的感受。擔任問題學生的志願者，其所表現的也許不是你正面臨的問題，但這個過程強調一個觀念：**老師的一點改變，會對學生的行為表現產生很大的影響**。

這裡的訣竅是——**確實無誤地遵循每個步驟，並信任這個過程**。作為輔導員，你需要大聲唸出這些步驟（請參考下文），停下來讓「志願者」有機會簡短回應每個問題。手邊務必要有一份「錯誤行為目的表」（詳見第八十八頁，在步驟⑤和⑥時需要用到）。除了步驟②與③之外，你不需要寫下任何東西，腦力激盪的建議在步驟⑩。

將這份步驟清單放在腿上，並用一張白紙遮蓋起來。一次揭曉一個步驟並大聲唸出來，讓志願者做回應——你不需要記得這些步驟；把它們唸出來就能幫助你確實執行。

不要分析或增加在步驟中沒有的資訊。沒錯——不要分析！

## 教師互助解決問題步驟

①感謝「志願者」在這個過程中協同教學——每個人都能從分享中學習。

②在海報紙上寫下這些資訊（練習時，也可以寫在白紙上）：你教的是幾年級？學生幾歲？為問題學生或學生們想出一個代號（保持匿名）。

③給這個問題一個字或一句話當作標題。

④描述最後一次發生問題的情境。使用足夠的細節與對話（如同電影腳本），好讓你和其他人在之後的步驟中進行角色扮演。如果志願者在描述情境上需要幫忙，你可以問，「你做了什麼？」「學生做了什麼？」「發生了什麼？」「接下來發生了什麼？」

⑤「你有何感受？」如果志願者很難以一個字表達感受的話，請參考「錯誤行為目的表」的第二欄（詳見第八十八頁），讓他可以從中選擇符合的感受。

⑥根據感受，使用「錯誤行為目的表」來猜測學生的錯誤行為目的。（猜得正確與否並不重要；在角色扮演時，可能會浮現出新的線索。猜測提供一個假設的切入點。）

⑦你願意試試更有效果的方法嗎？

⑧即使只有兩個人，也盡量透過角色扮演重現當時的情境。請記住，角色扮演最短用一分鐘也能提供所有需要的資訊。如果你有更多人手，讓他們也進行角色扮演。由提出問題的人來扮演問題學生——「進入學生的世界」——通常是最好的。

⑨在角色扮演後，分享每個人扮演角色時的想法、感受與決定（做法）。

⑩共同進行腦力激盪，設想志願者（提出問題的老師）可以嘗試的解決方案。寫下每一個建議。（在大團體中進行時，志願者可以坐進「靜默箱」裡，聆聽其他人進行腦力激盪。）

⑪請志願者在其中選出一項解決方案，並試行一週。

⑫透過角色扮演選出的解決方案。詢問志願者想練習解決問題，還是擔任學生的角色——從孩子的角度來看會有何感受。如同步驟⑨一樣，請每位角色扮演者分享想法、感受與決定。

⑬你是否願意試行一週，並在一週後分享結果？

⑭感謝志願者的分享，並說出自己從中學到的事物。

## ● 進行「解決問題步驟」常見的問題

✲沒遵循大綱或確實執行。

✲陷在故事中；重要的是，針對某個發生問題的時刻；不需要背景資訊。

✲針對資訊分析、質疑和評估。

✲沒採用本書所建議的工具，或是在「錯誤行為目的表」最後一欄「父母師長積極賦能的回應」裡所建議的做法（召開家庭或班級會議、同理孩子的行為）。

✲省略了角色扮演或感謝的步驟。每個步驟都很重要，即使只是兩個人在進行。

「教師互助解決問題步驟」同時兼具了解問題、評估問題、診斷工具、處理方案、行動方案，以及在過程中進行鼓勵的功能。這些步驟之所以有效，是因為它們提供老師實用性高的想法與技巧，可以帶來正面的改變。與其他老師一起進行這些步驟，不僅有趣、沒有傷害性，也避免掉通常會將焦點放在尋找原因、責備與藉口的那種無止境的分析，而非有用的行動上。

曾經不願意嘗試「教師互助解決問題步驟」的老師，也對這個過程帶給他們的鼓勵與助益感到印象深刻。他們驚訝於在扮演學生（或他人）「換位思考」時所獲得的理解程度；他們享受同事給予的鼓勵，並從中得到許多可用來鼓勵學生的想法。（是的，這些步驟適用於家庭中、工作上或是學校裡的各種人際關係問題。）

一位七年級的老師在午餐時間與另一名老師一起練習了這些步驟。她剛開始很猶豫，認為步驟太多了——和許多老師一樣，她以為這會讓工作變多而不是變少。這是接下來發生的事：

我們喜歡在說明發生的情況後，有機會表達自己的感受。在進行完這十四個步驟後，我們針對它和一般會有的反應（例如，抱怨）有何不同加以討論。特別喜歡的是，它讓我們有辦法表達感受——這讓人感到辛苦是值得的；而透過角色扮演，我們也不再將學生的行為看得那麼嚴重。我們希望全校的老師都能使用它！謝謝你們。

## 保持信心的其他建議

- 在你切換到正向教養的領導風格的過程中，你需要找到保持信心的方法——尤其是當你在學校中顯得特立獨行。如果你能找到或組織志同道合的老師，定期聚會，互相鼓勵，那是最好的；如果不行，你可以透過www.positivediscipline.ning.com和其他正向教養的教育者保持聯繫，這裡是一個父母和老師以正向教養的方法，彼此支持和鼓勵的友善社群。
- 如果你沒參加過二或三天的「正向教養講師認證培訓」工作坊，可以在www.positivediscipline.com與www.positivedicipline.org上找到課程表。「正向教養協會」（The Positive Discipline Association）在二或三天的「正向教養學校講師認證培訓工作坊」中，針對「教師互助解決問題步驟」提供了完整的訓練。你也可以邀請正向教養的導師，到學校進行兩天的工作坊。
- 在開始學習正向教養後，一個讓彼此保持信心的方法是：把自己想學的東西傳授給其他人。我們進行的每個家長與教師課程，都讓我們在改變的光譜上更前進一步。我們邀請你使用已出版的正向教養書籍與手冊，把想學的東西傳授給其他人。如果你希望在訓練他人之前先接受訓練，「正向教養協會」提供許多訓練的課程，能夠幫助你成為正向教養認證的講師。

## 正向教養實例

我到羅斯福小學*擔任校長時，發現學校的管教方式是根據外在的獎賞和懲罰——老師發放小卡片來獎賞學生的好行為。（如果學生做得好，他們可以拿到一張卡片。）這些卡片被放在一個桶子裡，一週抽出十個學生，發放獎品給他們。學年的最後一天會舉行頒獎典禮，老師會從一個裝滿卡片的大桶子中，抽出二十張卡片，並發放更大的獎品。不乖的學生則被趕出教室，時不時就被留校察看，並被送到「中心」裡——這個「中心」由助教管理。她輔導被趕出教室的學生寫功課、寫道歉信或違規事項，以及應該如何改進。學生各式各樣的違規事項都有。

在我上任的第一個月，我在休息時間來到這個「中心」，發現有十八名學生擠在一個最多只能容納十人的小房間裡。當我問他們問題時，很少有人知道他們為什麼被送到這裡，或多久才能再回到教室。就在這一天，我意識到羅斯福小學的學生管理辦法需要改變。我知道這不是件容易的事——在我上任之初，老師強烈建議要留下的就是這個「中心」。

*因為校長希望匿名，我用化名指稱這間有五百名學生的小學。這所學校百分之三十的學生有資格獲得免費與減量的中餐。

我在舊的管教方式上努力了一年，創造氣氛讓老師認知到改變的需要。我們舉行過一天半的訓練課程，學習如何運用正向教養。在訓練時，我很希望看到每位老師都很投入，並立刻改變——然而，這並非事實。當我看著老師的臉，我知道有一些人只是敷衍參加；不過，體驗課程確實讓部分老師從不願意到願意試試看。

我有一些不認為需要改變的核心教師，他們在第一年仍採取原來的管教方式。但我看到大部分的抵抗者，都逐漸接受具有療癒性質的「暫停」或「夏威夷」、和平桌，以及我們的「選擇輪」（詳見第七章），因為這些辦法更有效。

如今，班級會議在羅斯福小學常態性舉行。身為校長，我每天所見到的情景都在說明——正向教養在讓孩子表達感受、想辦法解決人際關係問題，並在對他人的問題保持同理心這些方面，產生了很大的改變。我也相信，這種思考訓練有助於他們的課業學習。

現在，我有許多關於正向教養效果的體驗。我在午餐室，一位小女孩走過來跟我說：「我告訴喬治三個『我感覺』，但他還是一直煩我。」這個小女孩（姑且稱她為瑪莉）若在去年碰到這個情況，早就把這名男孩踢下午餐凳子作為報復了。我對於她把問題和怒氣聚焦在——即使她說了三個『我感覺』，但男孩還是不聽她的，感到很有趣。後來我和那名男孩談話，他辯解道，瑪莉只是說了一個『我感覺』，否則，他一定會對三個『我感覺』有所回應。他很快地說「第一次真的沒聽到她說的話」，不然一定會馬上停止這個行為。這兩名三年級生如果是在兩年前，一定早就爭吵起來或大打出手了。

另一個改變，發生在父母身上。學校的諮商人員協助個別父母處理與孩子的溝通問題。在最後一次「家長教師學生會」（PTSA）的會議上，她介紹幾個正向教養的觀念，其中包括「錯誤行為目的表」。那是我們參加「家長教師學生會」會議人數最多的一次，有許多家長連袂出席。在下半年，一位家長說，她認為正向教養對她的孩子非常重要，並且是羅斯福小學做過最好的事情之一。

文化的改變無法在一夕之間完成，或甚至是兩年，但是在羅斯福，這個過程已經開始。現在我們的學生、老師和家長一起以相互尊重的方式，創造一個更有效率的學習環境。我們現在知道如何以相互支持的方式互動，並由此創造雙贏局面。在實施正向教養之前，「尊重」在羅斯福只是一個字眼；但現在，它是一個行動。

4
CHAPTER

# 為什麼這麼做？探討錯誤行為背後的原因

## 以鼓勵和賦能的話語取代挫折的話語

意義並非由情境決定，
而是由我們決定要給情境何種意義。

——阿爾佛雷德．阿德勒

挫折感是所有不當行為的根源。

——魯道夫．德瑞克斯

行為不當的孩子，是一個受挫的孩子。當學生沒有歸屬感時，他們通常會選擇四種錯誤行為目的中的一種：

- 過度尋求關注
- 爭奪權力
- 報復
- 自暴自棄

當你在教室裡遇到問題行為，在了解孩子的錯誤行為目的（冰山下的部分）之前，只處理冰山的一角（行為），是很自然的反應。

奧莉芙揮舞著雙手，跳上跳下地大叫：「老師，老師！」你的第一個反應是什麼？你會叫她的名字、糾正她，或甚至不耐煩地說：「奧莉芙，我跟妳說過多少次了，輪到妳說話時才能說話。我說過不止一次，我說過上千次了。把妳的手放下，等其他同學說完話再說。」你可以再說個上百次，但奧莉芙仍會繼續這令人困擾的行為。為什麼？因為她認為，只有持續獲得他人的注意，才表示自己是重要的。

◇◇◇

還有在隊伍裡推擠著想要排第一的奈特。在遊戲場上，他會把球從同學手上搶過來占為己有。他會公然在課堂上反抗你，態度對立，桀驁不遜。同樣地，你對這種冰山一角的行為有何自然反應？大多數的老師（以及父母）會反擊，讓奈特知道他不是老大。奈特在潛意識裡認為，他必須贏，並且控制，才找得到歸屬感，所以他會拚命抵抗大人的控制企圖。

◇◇◇

彼得穿著髒衣服來上學，並挑釁同學打架。因為他很壞，孩子不喜歡他，也不想和他坐在一起。大家都知道，他會偷其他孩子的課堂用具，然後說他不知道是誰拿了雷恩新的鉛筆。我們很難隱藏對彼得行為的厭惡反應，或想試著使他服從，並告誡他這樣的行為是多麼令人無法接受。但彼得的行為只是冰山一角。在冰山底下，他感覺受傷、不被人喜愛、不夠好，而他認為必須以傷害身邊的人來討回公道。

◇◇◇

最後是莉莉，一個還沒開始就放棄的孩子。不管你說多少好話，她都不願意嘗試。她盡量讓自己隱形起來，直到你停止對她有任何期待。她很容易被貼上學習能力低下的標籤，但這裡處理的只是冰山一角。在冰山底下，她認為無論自己怎麼做，永遠都不夠好，既然如此，何必還要費力嘗試呢？她寫功課拖拖拉拉、孤立自己，並讓同學和老師對她不抱任何期待。

## 「錯誤行為目的表」讓你更了解孩子

「錯誤行為目的表」幫助你認識冰山底下的部分——驅使行為的挫折信念。

魯道夫．德瑞克斯是辨認出這些錯誤行為目的的人。曾有人問過他：「你怎麼能將孩子放進這些框框裡？」他回答道：「我沒有把他們放在那裡，我在那裡找到他們。」**「錯誤行為目的表」可以幫助你在學生之中辨認其錯誤行為目的，並提供幫助學生改變信念的鼓勵性想法。**

許多老師在桌上放著一份「錯誤行為目的表」，作為面對問題行為時的簡易指南。你可以如此運用它——回想奧莉芙、奈特、彼得和莉莉——在你的班上，是否有學生和他們表現出相同的行為？請參考第八十八頁第二欄位：列在這裡的哪一種感受最能描述你的心情？**你的感受是了解孩子錯誤行為目的的第一條線索。**接著，參考第三欄位：你通常如何處理孩子的行為？孩子的反應是否與第四欄位中所描述的一樣？這是確認孩子錯誤行為目的的第二條線索。這四個欄位告訴你，在冰山頂端所發生的事情。

第五欄位解釋**冰山在水底下的部分**——你無法看見的部分——**這是孩子對如何有歸屬感和自我價值感的錯誤認知**。第六欄位幫助你認識，當孩子「行為不當」時，他們其實在傳達訊息密碼。如果大人可以學會解碼，而非應付孩子時，教養會變得更有效率。第六欄位能幫助老師解碼，並了解孩子藉由密碼真正想傳達的訊息。最後一欄提供老師鼓勵和賦能孩子的一些方法。

## 錯誤行為目的表

| ①孩子的目的 | ・過度尋求關注（讓別人為他忙得團團轉，或是得到特別待遇） | ・爭奪權力（想要主導） | ・報復（以牙還牙） | ・自暴自棄（放棄，不想別人理會他） |
| --- | --- | --- | --- | --- |
| ②父母師長的感受 | ・煩躁<br>・困擾<br>・擔憂<br>・內疚 | ・被挑戰<br>・被威脅<br>・被打敗 | ・受傷<br>・失望<br>・難以置信<br>・厭惡 | ・沮喪<br>・絕望<br>・無助<br>・不能勝任 |
| ③父母師長的回應 | ・提醒<br>・哄騙<br>・幫孩子做他原本可以自己完成的事 | ・爭吵<br>・退讓<br>・心裡想著：「我會讓你付出代價」或「我會讓你屈服。」<br>・想證明自己是對的 | ・反擊<br>・要扯平<br>・心想：「你怎麼可以這樣對我？」 | ・放棄<br>・主動幫孩子做得太多<br>・過度幫忙 |

| ④孩子的回應 | ⑤孩子行為背後的潛在信念 |
| --- | --- |
| ・暫時停止錯誤的行為，但不久之後又出現一樣或其他令人煩惱的行為 | ・只有在我被注意到，或得到特殊待遇時，才覺得自己很重要（有歸屬感）<br>・只有在讓你們為我忙碌時，我才重要 |
| ・變本加厲<br>・不滿地服從<br>・即使必須服從，但只要能讓父母或師長生氣，就覺得自己贏了<br>・消極反抗（表面答應，實際上卻不會真的做到） | ・我只有當老大、有控制權、證明沒人可以指使我時，才有歸屬感<br>・你無法讓我屈服 |
| ・反擊<br>・行為更變本加厲，或選擇另一種武器 | ・我不認為自己屬於這裡，所以，我要傷害他人，因為我感覺受傷<br>・我無法受人喜歡或被愛 |
| ・更退縮<br>・變得消極<br>・沒有任何進步<br>・沒有反應 | ・我不完美，所以我不屬於這裡，我要說服其他人別對我抱有期望<br>・我覺得很無助、沒有能力<br>・試了也沒用，因為我不可能做對 |

| ⑥訊息密碼 | ⑦父母師長積極賦能的回應 |
| --- | --- |
| ・注意我<br>・讓我參與<br>・讓我做個有用的人 | ・重新引導孩子以做有用的工作來獲得注意力<br>・說明你會怎麼做。（例如：「我愛你，我晚一點會花時間陪你。」）<br>・避免給孩子特殊待遇<br>・相信孩子自己可以處理情緒（不要修復或拯救）<br>・計畫特殊時光<br>・幫助孩子建立日常慣例表<br>・讓孩子參與解決問題<br>・召開家庭或班級會議<br>・設定非言語的溝通訊息<br>・拍拍孩子的肩膀，忽略行為本身 |
| ・讓我幫忙<br>・給我選擇 | ・透過請他們幫忙，引導孩子產生積極正向的力量<br>・提供有限的選擇<br>・不要爭吵，也不退讓<br>・從衝突中抽身<br>・要堅定且溫和<br>・做就對了，不要多說什麼<br>・決定自己的做法<br>・讓「日常慣例表」做決定<br>・離開現場，到一旁冷靜<br>・養成彼此尊重的習慣<br>・設定合理的限制<br>・練習「貫徹執行」<br>・召開家庭或班級會議 |
| ・我很受傷<br>・請你認同我的感受 | ・認同孩子受傷的情緒<br>・避免自己感覺受傷<br>・避免施行懲罰和報復<br>・建立互信<br>・使用「反映式傾聽」<br>・分享感受<br>・進行彌補<br>・表示關心<br>・正面鼓勵孩子的強項<br>・對孩子一視同仁（不偏心）<br>・召開家庭或班級會議 |
| ・不要放棄我<br>・教我如何一次踏出一小步 | ・將工作分成幾個小步驟<br>・停止批評<br>・鼓勵任何積極的嘗試<br>・對孩子的能力具有信心<br>・聚焦在孩子的才能上<br>・不要憐憫<br>・不要放棄<br>・為孩子製造成功的機會<br>・傳授技能或示範做法，但不要替孩子做<br>・珍惜孩子原本的模樣<br>・以孩子的興趣為基礎<br>・召開家庭或班級會議 |

## 行為相同，但目的不同

有些行為可能符合每一種錯誤目的的描述——不做功課是個很好的例子。如果孩子不做功課而讓你感覺煩躁或擔憂，孩子的錯誤行為目的便是「過度尋求關注」。當你感覺被挑戰或被打敗時，孩子的錯誤行為目的便是「爭奪權力」。當你感覺受傷或失望時，孩子的錯誤行為目的則是「報復」。當你感覺絕望或不能勝任時，孩子的錯誤行為目的就是「自暴自棄」。

## 冰山叢林——練習鼓勵的話語

冰山叢林是我們在工作坊中所進行的一項活動。活動目的在於幫助老師了解「錯誤行為目的表」，認識懲罰的長期影響，學習以鼓勵和賦能的話語取代挫折的話語。許多參加活動的老師都希望能鼓勵學生，但他們沒辦法想到那麼多鼓勵的話語。為了幫助他們，我們擬定了鼓勵清單，上面的句子可用來針對特定或任何錯誤的行為目的。

我們鼓勵將老師召集在一起進行這項活動，這樣能產生最好的理解效果。當老師親身體驗活動，而非只是閱讀活動內容時，學習和記憶的效果都會加倍。

## 活動名稱 冰山叢林

### 活動目的

✽幫助老師認識懲罰的長期影響。

✽幫助老師以鼓勵和賦能的話語取代挫折的話語。

### 活動步驟

①將老師分成四組，每組四到六個人。每組負責「錯誤行為目的表」中一種錯誤的行為目的。

②將下列四張「錯誤行為目的」海報（詳見第九十四～九十六頁），交給各自負責的組別。

③給每組的老師一些便利貼。請他們在上面寫下哪些學生行為，引發他們在第二欄位中所描述的感受。請老師將這些便利貼貼在海報上冰山的頂端。

④「過度尋求關注」組的老師選擇一位扮演學生；剩下的老師站在椅子上，排成一列扮演「老師」。「學生」拿著海報，沿著隊伍走，在每個老師面前停頓一下。

⑤站在椅子上的「老師」，直覺地回應便利貼上的行為，並以誇張的行動或言語表現「錯誤行為目的表」中的第三欄位。「學生」不做回應，只是傾聽這些令人挫折（但很熟悉）的話語，並注意自己的想法、感受和決定。

⑥在角色扮演後，請「學生」分享聽老師說話時的想法、感受與決定。「學生」通常會說：「我覺得老師很凶（或愚蠢）。我感覺很生氣（或受傷），我決定迴避並反抗他們（或是放棄）。」我們也請老師分享，在講這些令人挫折的話時，有哪些想法、感受和決定。許多老師坦承，他們其實明白這樣做不管用，但他們不知道還能怎麼做。

⑦給「學生」看那份「人格特質與生活技能」清單（詳見第三十四頁），問他是否學習到任何清單上的項目——答案總是否定的。

⑧請「老師」從椅子上下來，將寫著一、兩句鼓勵話語的紙張發給他們。「學生」再次沿著隊伍走，停在每個老師面前，聽老師大聲讀一句鼓勵的話語。

⑨在這之後，請學生分享聽到老師唸出這些鼓勵的話語時，自己有哪些想法、感受和決定，還有學到了清單上的哪些項目——答案通常是「大部分」。我們也請老師分享想法、感受和決定。許多人都表示，現在才真正了解到鼓勵的話語效果有多大。

⑩請負責其他「錯誤行為目的」的組別重複這個過程。

## 給「過度尋求關注」學生的鼓勵句

✲讓我們來做個約定。如果你坐下來完成功課，我們可以在休息時一起玩。

✲這很重要，請把它放在議程上。

✽我聽到你說的話了，但我要到休息時才有辦法回答。

✽你願意幫忙發這些作業嗎？

✽這招對我無效。如果你喜歡，我很願意在你準備好的時候，彼此尊重地談話。

✽現在是安靜的時間，我們可以等一下再大聲說話。

✽我關心你，但答案是不行。

✽請將這個想法保留到一個特殊的時刻。

✽明天，你會有整整一分鐘的時間帶全班一起做鬼臉。

✽等一下再問我。

## ●給「爭奪權力」的學生的鼓勵句

✽你如何理解我們之間的協議？

✽我們的約定是什麼？

✽我需要你的幫忙。你對於解決這個問題有何想法？

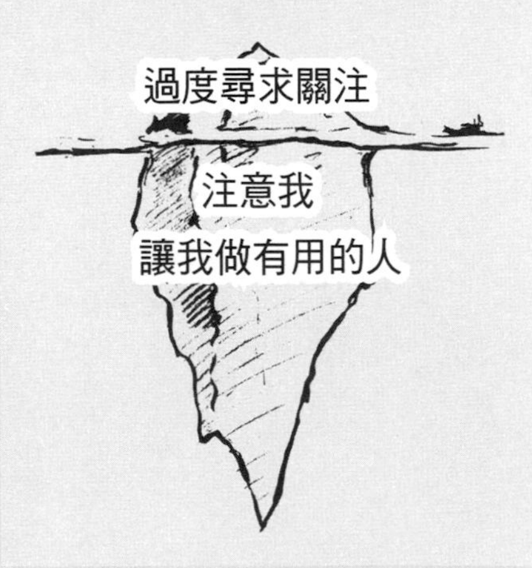


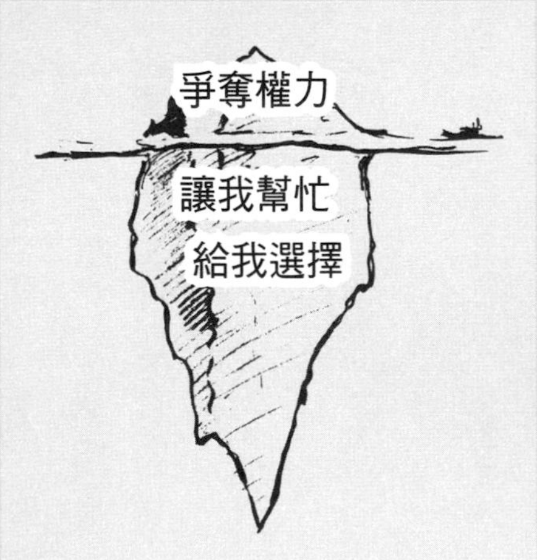

✽讓我們來做個協議。你何不把你的想法告訴我，我也把我的想法告訴你，我們一起看看能夠達成什麼共識。

✽什麼對你幫助最大——把問題提到議程裡，或是利用「選擇輪」找尋解決方案（詳見第七章）。

✽我們不要爭論。你是否願意將問題寫在班級會議的議程上，還是由我來寫？

✽那是一個辦法。我的看法與你不同，你想聽聽嗎？

✽我們不需要認同彼此，但可以互相傾聽。

✽我認為我們陷入權力的爭奪。讓我們花點時間彼此冷靜一下，再重新開始。

✽在我們想出彼此都同意的解決方案之前，暫時先這樣做。

## ● 給「報復」的學生的鼓勵句

✽你真的感覺很受傷。我感到很抱歉。

✽我們何不休息一下，讓彼此冷靜後，再回來試試看。

✽我對問題是誰造成的不感興趣。

✽我只在意我們如何以尊重彼此的方式來解決問題。

✽你一定感到很沮喪，因為你總是有麻煩，

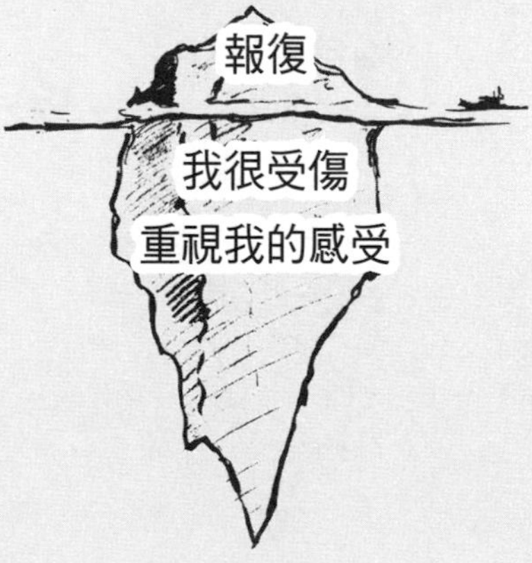

但——總是有辦法推卸責任。

✤ 讓我們一起走到操場。

✤ 當你傷害別人的時候，我猜是因為你也為了什麼而感覺受傷。

✤ 看起來你今天過得很糟糕。你想談一談嗎？

✤ 你知道我真的很關心你嗎？

✤ 我們可以一起想辦法，但不是用這種方式。

## 給「自暴自棄」的學生的鼓勵句

✤ 還記得你第一次試著做——嗎？記得你花了多久時間才變得熟練嗎？

✤ 我們何不先進行這個小步驟？

✤ 讓我們一起做。

✤ 透過嘗試新的事物並反覆練習，你的頭腦會變得愈來愈好。

✤ 犯錯沒關係，我們可以從中學習。

✤ 你的笑容把整個房間都照亮了。

✤ 我會寫第一個字，而你可以寫出下一個。

✤ 我不記得怎麼做——。你可以做給我看嗎？我真的需要一點幫忙。

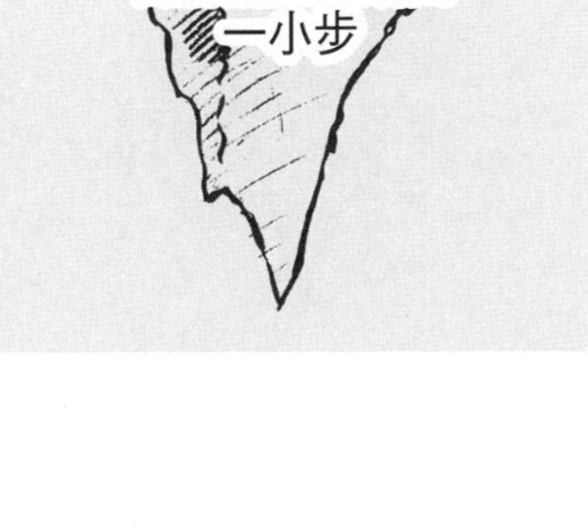

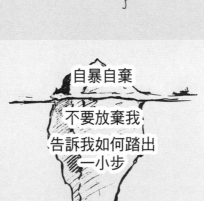

## 「任何錯誤行為目的」都適用的鼓勵句

✽你是否願意和我一起想辦法，看看如何改善成績？願意的話，你想如何開始？
✽在你把這些工具放好之後，我們再繼續進行下一個活動。
✽讓我們先這樣試行一週，之後再評估效果。
✽你可以再試一次。
✽我準備好再試試看時，會讓你知道。
✽我很想知道你為何會如此難過、生氣、受傷、煩躁……
✽哇！你真的很生氣、難過、煩躁……想跟我談一談嗎？
✽我感覺——，因為——，我希望——。
✽鉛筆。安靜。等一會。休息。（運用「單詞法」！）
✽我可以看出這對你很重要。
✽我可以看出你在這上面花了多少心力與時間。

在你閱讀「冰山叢林」的活動內容及「鼓勵的話語」時，你或許已經想到許多可加以運用的地方。你可以複印幾份「鼓勵的話語」，放在伸手可及之處，這樣在你需要鼓勵學生而一時想不出如何說的時候，方便你參考。這些鼓勵的話語在稍加調整後，也可以在家裡、在工作上或在心愛的人身上運用。

你也可以將這四種「錯誤行為目的」教導給學生。曾教導學生運用「錯誤行為目的表」來辨認不當行為背後的潛在信念，並找到真正有效的解決方法的老師說，在創造融洽的課堂氣氛上，這是最有力的工具之一。

對孩子來說，幫助他們對行為背後的信念有更多的理解，並認識「**行為不當的人其實是個受挫的人**」，也會給他們帶來很大的鼓勵。接下來的活動會教導學生如何運用腦力激盪的技巧來鼓勵彼此。

**活動名稱** 四種錯誤行為目的

**活動目的**

✽教導學生如何鼓勵彼此，進行正向的改變。

✽幫助問題行為學生在教室裡找到歸屬感和自我價值，不再隨意發洩情緒，從被動變成主動。

**所需材料**

✽一大塊「錯誤行為目的表」薄板，大到足以讓所有學生看到。

**活動步驟**

①把「錯誤行為目的表」掛在顯眼的地方，請學生設想一個讓他們覺得煩躁的情況。用手指向第二欄位中的「煩躁」。然後將手滑到最後一個欄位，向學生說明，在他們感到煩躁時，可以用來鼓勵對方的做法。接著，來到第五欄位中「孩子行為背後的潛在信念」。告訴學生，如果他們覺得煩躁，那個困擾他們的人，可能在想著「只有在我被注意到，或得到特殊待遇時，才覺得自己很重要（有歸屬感）。只有在讓你們為我忙碌時，我才重要。」

②把手放回第一欄位，告訴學生，這樣的錯誤行為目的叫做「過度尋求關注」。

③對學生強調，如果他想幫助行為令人困擾的學生，他需要運用圖表第七欄的鼓勵方法。

④針對每一種錯誤行為目的進行同樣的練習。請學生針對憤怒的情緒（爭奪權力）、受傷的情緒（報復）或是絕望的情緒（自暴自棄）想出解決方案。如同處理過度尋求關注的步驟一樣，在圖表上一一指出這些感受。

⑤向學生說明，如果他們對這些行為只是做出直覺反應，而不是了解挫折的原因並鼓勵對方，「不當行為」將會繼續下去。

**總結**

這個活動向學生傳達一個強而有力的訊息：他們可以改變行為，讓行為具有鼓勵性，以此引發其他人的改變。「錯誤行為目的表」所提供的建議，將能幫助行為不當的孩子更懂得尊重，感受到他人的鼓勵，並展現自己的能力。

一旦學生了解如何辨認他人的錯誤行為目的，請鼓勵他們在教室裡使用這些技能。以下圖表由一群五年級生所製作，他們將用來鼓勵不同「錯誤行為目的」的人的方法整理如下。

## 鼓勵清單

| 過度尋求關注 | 爭奪權力 | 報復 | 自暴自棄 |
|---|---|---|---|
| 陪他們一起走到學校 | 詢問他們的想法 | 告訴他們，如果你傷害到他們的情感，你非常抱歉 | 讓他們以自己擅長的部分幫助他人 |
| 吃中餐時，坐在他們旁邊 | 讓他們成為排長 | 當他們的朋友 | 告訴他們，他們很好 |

| | | | |
|---|---|---|---|
| 欣賞他們說的故事 | 請他們負責一項活動或打掃工作 | 邀請他們參加你的生日派對 | 請另一位同學與他合作 |
| 跟他們說話 | 請他們幫忙指導另一名同學的功課 | 稱讚他們 | 告訴他們，數學對你來說也很難 |

有一個班級根據每個錯誤行為目的做記號竿——每名學生都拿到四支記號竿。全班學生都同意，如果有人行為不當，同學會一起猜猜這是哪一種錯誤的信念，並舉起相對應的竿子。這個活動的目的並不在於貼標籤、責備或加強刻板印象，而是為了友善地提醒行為不當的同學——這名行為不當的學生可以選擇表現有建設性的行為，而非破壞性的行為。

這個故事有個好玩的插曲。猜猜誰最常拿到「爭奪權力」的記號竿？答案是：老師。這位好脾氣的老師說，「好吧，我知道我在指揮你們。誰能幫我想想該怎麼做才能促進合作呢？」這位老師示範了犯錯並非壞事，大家可以幫助彼此作出好的改變。

我們的兩位同事創作出幫助父母和老師更容易理解四種「錯誤行為目的」歌曲*。播

＊韋恩・弗里登（Wayne Frieden）和瑪麗・哈特韋爾-沃克（Marie Hartwell-Walker），《行為歌》（*Behavior Songs*），錄音帶（1988年）。

放「錯誤行為目的」歌曲，可以加強學生對它們的理解；在每一首歌曲後，以有趣的方式問學生，歌曲中有哪些行為聽起來很熟悉；在歌曲播放的過程中，你也可以觀察學生的反應（大笑、微笑、點頭）。帶領學生針對歌曲中提到的錯誤信念討論想法，並請他們針對如何鼓勵歌曲中的人提出建議。

以下是一位高中校長如何處理在水底下的冰山的故事。

吉米．史伯里德校長在華盛頓州瓦拉瓦拉市的林肯高中，第一次在學生管理上嘗試鼓勵性的方式時，驚訝地發現這方式奏效——事實上，這方式效果好到讓他無法再回到懲罰的方式。某份新聞報紙報導了整件事情的經過。

一位學生頂撞老師，甚至還罵了髒話。在林肯高中，也可以說，在幾乎全美所有的高中，一般的做法是——立刻停學。但是相反地，史伯里德和學生一起坐下來，平靜地說：「哇！你還好嗎？這聽起來很不像你。發生了什麼事？」他進一步說：「你看起來壓力很大。從一到十，你覺得自己的生氣指數是多少？」

那個孩子已經準備好了——準備等著大人對他發脾氣……「你怎麼會做出這種事？」「你是怎麼搞的？」……並準備被踢出學校；不過，他沒有準備好面對溫和的態度。堅硬的防備就像放在火焰上的冰塊那般融化了，想說的話傾洩而出，「我爸爸是個酒鬼。他總是對我信口開河，從不遵守承諾。」他傾吐的話中觸及辛苦的家庭生活。最後他說：「我不該頂撞老師的*。」

根據這篇報導，這位學生主動向老師道歉。他被送到留校察看區——在林肯高中這是一個積極暫停區，學生可以在這裡冷靜、用功，或和負責的老師討論任何問題。這篇報導最後針對停學率在史伯里德推行的改變作一比較——「詢問孩子怎麼了」——之前（七百九十八例）和之後（一百三十五例）的差異。

你何不花上一個小時、半天、一天，或甚至是一週的時間，好好探索學生行為冰山底下的部分。我們邀請你將自己的成功故事分享在正向教養的臉書或部落格上。

*位於華盛頓州瓦拉瓦拉市的林肯高中，嘗試新的管教方法，讓停學率下降百分之八十五。詳見https://educationvoters.org/advocacy-agenda/k-12/transforming-school-discipline/walla-wallas-new-approach-to-discipline/。

## 正向教養實例

某個孩子昨天上音樂課時一開始都很好，但在我們討論到美國鄉村樂團「藍天歌曲」*時，她突然大喊，「我是一隻小狗！」然後躺在圓圈中間，開始學狗叫了起來。我禮貌地請她站起來，好好跟著討論；但是她不聽，也不願意和我的眼神接觸。

我注意到自己的情緒是「煩躁」，於是想起正向教養中的「錯誤行為目的表」。我該怎麼處理這個孩子呢？引導她的情緒？建議她休息？我花了一分鐘想到一件她可以在音樂教室裡幫我做的事。我決定請她幫我把架子上所有的木琴拿下來。木琴彈奏不是下一個活動項目，但在課程結束前會用到。我沒有提到她學狗叫的事，只是低聲對她說，「妳願意幫我把所有的木琴拿過來嗎？」

她馬上停止學狗叫，安靜地去做事。我和其他人完成討論。最後，她接續參與討論，並給了一些有用和有趣的意見。我們接著唱了兩首歌，玩了一個遊戲，並彈奏了木琴。她後來表現得很有禮貌且專心；而事實證明，她很有音樂天份（我也告訴了她）。

這真是太棒了！沒有發生任何令人不愉快的事！我完全不曉得她為什麼會突然這麼表現，但我很高興看到正向教養的方法真的像它說的一樣有效。

——加州奧克蘭市曙光學校的音樂老師

＊本書未指明，根據文意，可能指美國鄉村樂團「藍天男孩」的歌曲〈媽咪，我的狗狗會了解嗎？〉。

5

CHAPTER

# 糾正錯誤前，先創造情感連結

## 教室內不求完美，要讓孩子感受真正的關懷

用他人的眼光看事情，
用他人的耳朵來傾聽，
用他人的心來感受。
這是我們暫時用來界定
「社會情感」（Social Feeling）的定義。

——阿弗雷德．阿德勒

科學研究強力證明，增加學生與學校情感的連結，能幫助他們擁有成功的學校生活——這會減少缺席率、打架、霸凌、破壞公物，並提高學習動力、課堂參與、課業表現、出席率，以及學生的畢業率。從學生的角度來說，情感連結意味著讓他們相信，學校裡的大人關心他們的學習，也重視他們的個體價值。換句話說，學生想要成功、優秀，需要在學校感受到「歸屬感」。以下是學生能否對學校產生正面情感連結的七種影響因素：

- 有歸屬感，感覺自己是學校的一份子
- 喜歡上學
- 認為老師支持且關心學生
- 在學校裡有好朋友
- 重視自己現在與未來的學業發展
- 相信學校的管教方式公平有效
- 參與課外活動

經由不同方法的評估證明，這七種影響因素對於學生能否擁有成功的學校生活，是相當有效的預測指標，因為每一種影響因素都帶來某一種情感連結——不論是與自己、與社區，或是與朋友*。研究結果固然令人印象深刻，但更具說服力的是來自學生的回饋。

一群國中生在接受訪問時被問到，「你們如果在學校裡惹了麻煩，通常會發生什麼事？」學生給出林林總總的答案，包括留校察看、週末上課、不准吃午餐、暫令停學、多做功課、被大聲責罵、被禁足或被父母打，抑或是，父母被叫到學校來，讓他們更加難堪，或是被「轉介」（他們稱此為「被送到辦公室聽人說教」）。

研究人員進一步問學生，「你們當中有多少人曾經歷過這些後果？」十名學生中有兩名曾因為在學校行為不檢而在家裡被打；五名學生的父母曾被請到學校。幾乎所有人都曾被留校察看、被禁足、被人聲責罵，或是多做功課。至少有七名學生被罰不准吃午餐、週六上課，以及暫令停學。當被問及這些處理方式是否幫助他們在學校裡表現得更好時，他們異口同聲說「不！」當被問及這些管教方法是否幫助他們感覺被愛、被關心，並想配合時，他們笑著回答，「你覺得呢？」

「你們認為，如果沒有用，為什麼大人還要用這些管教方法？」我們繼續問。「因為他

＊「與學校的情感連結：加強青少年的健康和教育成果」，《學校健康雜誌》（*Journal of School Health*）特刊第74期4號（2004年9月）。

們喜歡權力。」有些孩子回答。「你們不認為，他們這麼做是因為關心，想幫助你們表現得更好嗎？」我們問。那些孩子聽了問題後只是笑。

## 創造情感的連結

學生相信老師真的關心他們——是幫助學生對學校產生情感連結（歸屬感和自我價值）的主要因素。詹姆斯・本尼博士——一位前教師以及國家美式足球聯盟（National Football League）裁判——在博士論文中針對學校人員所感受的關心程度進行了測量＊。他首先問校長，「你是否關心老師？」校長的回答總是「非常關心」。本尼博士接著訪問老師，但他發現，老師感受到校長關心的程度非常地低。

我們接下來問老師，「你關心學生嗎？」很自然地，所有的老師都說自己「非常關心學生」。但你猜猜實際的情況是什麼？學生感受到老師關心的程度也非常地低。

在一次在職訓練的場合上，當我們問老師，有多少人關心孩子的時候，幾乎所有人都舉起了手。我們接著問，「有多少人認為，學生真的知道你的關心？」儘管只有幾隻手舉了起來，但大部分的老師仍然相信，學生接收到了關心的訊息。很遺憾地，誠如本尼博士的研究所顯示，大多數的學生相信，除非拿到好成績，否則老師不會真的關心學生。他們比較相信，老師只關心成績好的學生，因為他們靠成績「鎮住」了老師，知道怎麼玩老師的遊戲。

你可以在教師會議時進行以下的活動，它提供老師分享如何表現關心學生的機會。

**活動名稱** **學生感受到你的關心嗎？**

**活動目的**

✲幫助老師確認學生感受關心的程度和方法。

**重點提示**

✲研究顯示，學生對「老師喜歡我嗎？」的理解，是預測學生成就最重要的指標。

---

＊詹姆斯・約瑟夫・本尼（James Joseph Tunney）和詹姆斯・麥歐爾・詹金斯（James Mancel Jenkins），《學生、教師和行政管理人員對校園氣氛的認知：透過以學生為中心進行學習同伴評估、創新和其他高中所進行的比較》（*A Comparison of Climate as Perceived by Selected Students, Faculty and Administrators in PASCL, Innovative and Other High Schools*，暫譯）（美國南加州大學博士論文，1975年）。

## 所需材料

- 白海報紙
- 麥克筆
- 紙膠帶

## 活動步驟

①所有的老師針對前述詹姆斯．本尼博士的研究進行討論。

②以三到五人為一組。發給每組一大張白海報紙和一支麥克筆。

③每組指定一人作為記錄者。利用三分鐘進行腦力激盪，盡量想出向學生表達關心的方法。請記錄者寫下所有的想法。

④在三分鐘結束後，請每一組將寫好的紙用紙膠帶貼在牆壁上。每組派出一名志願者，大聲唸出寫在紙上的想法。

⑤進行以下討論：

- 你在這個活動中受到什麼啟發？
- 你是否注意到自己如何對待學生？
- 為了讓學生知道你的關心，你想在下一週的課堂上進行哪一種活動？

⑥請一名志願者將來自各組的想法輸入電腦，刪除重複的想法，並列印下來，發給

每位老師當作備忘錄，在日常互動中提醒自己如何對學生表達關心。

有一組做過上述活動的老師發現：

- 當你認識學生的本色、鼓勵他們將錯誤視為學習和成長的機會，並相信學生有能力做有意義的貢獻時，學生會知道你真的關心。
- 當他們感受到你在傾聽，並重視他們的想法和感受時，學生會知道你真的關心。當你尊重學生並願意讓他們參與決策過程時，學生會知道你真的關心。
- 當你幫助學生在非威脅性——一個引導解決問題而不是懲罰——的環境中探索自我選擇的後果時，學生會知道你真的關心。

## 關心的力量

若老師開始引導同學互相關懷，教室裡便會自然營造一種關心的氣氛。一位在紐約內城區的學校任教的老師卡特．巴頓，用以下動人的文字表達了「關心」的意涵：「**在你碰觸學生的頭腦之前，要先碰觸他們的心。**」

一九九一年九月，《生活》（*Life*）雜誌報導了巴頓和十七名被認為「很難教」的二年級普通班學生之間的故事*。巴頓把這十七名「不受教」的學生教得如此之好，讓他們在六個月後和普通班學生競爭的數學比賽中贏得勝利！而他們先前還被認為程度不夠，進不了這個班。

卡特・巴頓了解以溫和且堅定的方式對待學生的重要性。他了解確實向學生傳達關心是師生關係中最為關鍵的部分。老師有許多機會向學生傳達關心的訊息——我們鼓勵你好好把握。當學生感受到關心，他們會願意合作，而不會出現不當的行為。當學生不須透過行為不當來爭取注意力和自我價值感時，他們就能更自由地學習。

## 情感連結的態度與技巧

我們看到許多老師確實關心學生，但孩子卻未能接收到關心的訊息。即便你感覺與學生有很強的聯繫，你也可能像以下這位初中老師一樣，無意間傳達了不同的訊息。學生和這名老師起了嚴重的衝突，但老師卻完全不了解這份敵意從何而來。一位參觀課堂的訪客注意到這名老師的態度和語氣。（這位老師和其他許多老師一樣，不知道自己用了什麼語氣，也不了解其對學生的影響。）每當有學生出現不當行為時，她會大聲地在全班面前斥責、批評和羞辱他們。課堂結束後，這位受到驚嚇的訪客詢問這名老師，是否想聽聽回饋意見。在她答應後，這是她聽到的回饋，「妳試圖用噴火槍撲滅一場小火。」在覺察到自己的態度和語氣後，這位老師在下一堂課上做了改變。她在當天告訴另一位同事，「我們班今天下午上課順利多了，因為我決定放下我的噴火槍。」

在「正向教養學校講師認證培訓」工作坊上，當一項實驗性活動快結束時，有位老師驚訝地發現，「我在批評學生時所用的音量，大聲到所有人都聽得見。但我在讚美學生時所用的音量，卻小聲到幾乎沒有人能聽見。」

## 傾聽並重視孩子

被學生暱稱為拉斯的羅伯特．拉斯穆森，連續五年被國高中生票選為「高中年度最佳教師」。他所在的學區將他譽為「最佳教師」。有一天，當拉斯離開教室時，我們問學生，為什麼拉斯能夠獲得這些榮譽。他們的回答基本上有三種面向：「他尊重我們，」「他傾聽我們，」以及「他享受當老師。」

「享受當老師和這一切有什麼關係？」我們問。一位同學解釋道，「許多老師在工作時的態度很差。他們厭惡學生、厭惡工作，看起來對生活也不滿意——他們把氣出在我

＊丹尼斯．史迪森（Denise L. Stitson），〈渴望學習〉，刊於《生活》，1991年9月。

們身上。拉斯總是神采飛揚。他很喜歡學生，很喜歡這份工作，也很享受生活——當然，這裡面包含了我們。」

拉斯使用特殊的方法——他在教室裡放了一隻泰迪熊，確實傳達他對學生的關心（情感連結）。他將這隻泰迪熊介紹給學生時說，「這是我們的『關心熊』。如果你們有人感到挫折或難過，可以過來抱它，它會讓你的心情好轉。」

剛開始，學生都認為拉斯是個瘋子——他們畢竟是高中生，是年輕人了。不過，他們很快就掌握了這個精神。每天都會有幾個學生，也包括體型健壯的足球隊員，走到拉斯桌邊說，「我需要『**關心熊**』。」

「關心熊」變得太搶手；為了滿足需求，拉斯還得多帶幾隻「關心熊」來學校。孩子有時會一整天都抱著它，但他們一定會歸還。有時候，當拉斯發現有學生看起來比較低落，他會主動把「關心熊」丟給對方——這是他以象徵性的方式說，「我關心。我現在沒有時間親自關照你，但是我很關心。」

## 舉行校外教學

國中老師布蘭達．羅琳斯在臉書上寫道，「帶七十三名國中生進行騎單車的校外教學，現在回到家、洗好澡了。臭鼬整晚在校園裡亂跑，跑進帳篷裡的浣熊很可愛，但我現在累死了。」有人問學生玩得開不開心，她回答：「他們玩得很開心。大部分的人沒有想過自己可以騎上十一公里、騎到公園、或是任何地方。」

布蘭達連同其他兩位老師、兩名家長、和十位熱愛騎單車的社區人士，一起為學生創造了這次正面的體驗。這項活動不僅好玩，也提供學生互相交流的機會，並且讓老師在課堂外多認識學生，和學生建立聯繫。布蘭達所在的學校——聖羅莎特許學校——是一間採行正向教養的學校，全年都鼓勵進行校外教學，包括到亞什蘭、奧勒岡、參加莎士比亞節等。在進行校外教學時，孩子、老師和父母一起重溫學習的樂趣，並共同進行知性的探索。

## 珍惜獨特性

一名老師根據自己帶的三年級學生，特製了一組棒球卡。每張卡片上貼著一位學生的照片，並寫上他的暱稱。這些暱稱顯示不同孩子獨特的興趣。比方說，有一張卡片上的暱稱是「愛貓的柯玲」，另一張則是「全壘打尚安」。製作這組棒球卡的確花時間，也需要一點手藝，但只要這個活動繼續秉持互相尊重的精神，讓孩子一起發想暱稱是件好玩的事。另一種讓學生表達獨特性的方式，是「製作專屬T恤」。你也可以在教師會議時和其他老師一起進行。

**活動名稱**

## 製作專屬T恤

**活動目的**

✽幫助學生和老師認識自己與他人的獨特性。

**所需材料**

✽紙膠帶

✽剪成T恤形狀的紙張（發給學生一人一張）

✽把活動步驟寫在掛圖紙或黑板上

● 在T恤上方寫上名字。

● 選一個最能代表自己的形容詞，寫在T恤中央。

● 在T恤的不同地方寫一些自己的特質和興趣。

● 在T恤下方，寫一件多數人可能不知道的關於你的事。

**活動步驟**

① 給學生大約十分鐘的時間完成專屬的T恤。

② 請學生把做好的T恤貼在衣服上。

③請學生三到五人成一組，跟小組成員分享T恤上寫的東西。
④請學生在教室裡尋找其他跟自己特質和興趣相近的人。
⑤請學生找到一個和自己特質或興趣不同的人，根據在對方T恤上所看到的內容，相互提問。
⑥在活動快結束前，與全班一起討論他們從中學到什麼。可以討論的問題包括：
- 你從這個活動中學到什麼？
- 有多少人從別人身上找到自己想多認識的興趣？
- 有多少人發現與自己有相同興趣和特質的人？
- 有多少人認識到自己的才能也許可以幫助別人？
- 有多少人發現別人的長處可能對自己有幫助？

## 以幽默感創造情感連結

老師有時會忘了在處理學生問題時保持幽默感。許多菜鳥老師以為保持嚴肅比較好，但事實正好相反。透納女士和她班上的學生玩一個名為「**做交易**」的遊戲，所有的學生都愛極了這個遊戲。她說，「好，孩子們，讓我們來做個交易。我想要準時上課，你們想要準時放學。我會算我等了幾分鐘才能開始上課，這就是你們會延後放學的時間。一言為定？」孩子們呻吟著，但是都同意了。

有些老師會以偽裝成幽默的諷刺來羞辱學生；有些則會嘲笑學生——這都是對學生的不尊重。行為背後傳達的情感與行為本身一樣地重要。

巴克萊先生有一種幾近滑稽的幽默感，孩子們都很喜歡。他們知道巴克萊先生很關心他們，以及他們在學校裡的表現。他們可以感受到他行為背後的情感——他確實把關心傳達給了學生。

有一天，巴克萊先生在處理一個做白日夢的學生。他把手輕輕放在那個男孩的肩膀上說：「想像一下，你現在是十八歲。你站起來打開電視，轉到MTV頻道。你認識MTV裡所有的歌星，也記得全部的歌詞。但有人會因此給你工作嗎？才不會呢！為什麼呢？因為你在這裡發呆啊，沒有時間啦！」這名學生抬頭看了他一眼，露出微笑，並把書本打開。

學期中的某一天，珍妮佛在上課時傳紙條給另一個同學，沒注意到巴克萊先生正在唸的一齣劇本。巴克萊先生用溫和但稍大的聲音說：「生存還是毀滅*？這是珍妮佛每天在問自己的問題。」她抬頭看著他，「啊？您在叫我嗎？」巴克萊先生說：「咦！有人聽到我在叫珍妮佛嗎？應該沒有吧！」珍妮佛接下來都很認真聽課。如果你對孩子真誠的關心，他們會接收到這個訊息。

## 尊重學生課堂外的興趣，創造情感連結

老師很容易忽略學生在課堂外也有自己感興趣的事。社交生活對他們來說格外重要，他們也許經常得面對被拒絕或受不受歡迎的問題；也許經常感受到沮喪；也許因為沒被球隊選上，或從未拿過第一、成為最好。等到孩子進入國中和高中後，他們可能還要面對打工、車子、約會、性及毒品的問題。

許多孩子的生理時鐘和大人不一樣。他們喜歡熬夜，然後早上賴床——但他們卻必須一早就起來上學。我們在北卡羅萊納州的夏洛特市一間高中教室，看到貼在門口上的一張字條：「遲到的人，請安靜地進入教室，找到你的座位，黑板上有給你們的指示。鐘響後，開始上課。」這位老師不但沒有羞辱或懲罰遲到的學生，反而用一種尊重的方式，讓學生自己體驗遲到的後果，並遵循指示跟上課程。學生可以馬上進到教室開始學習，而不是到辦公室去拿課本——一邊感覺自己麻煩大了，一邊還影響到其他同學。

另一位老師告訴他的學生，「我在上課鐘敲完五分鐘後才會點名。我知道你們當中有

＊莎士比亞所著《哈姆雷特》中的名句：to be or not to be。

人在打工，很難一下子處理青少年要面對的所有挑戰。如果你能一直睡到十點，上課上到下午五點，然後把剩下的時間留給家人、工作和社交生活，那該有多好啊！」學生都笑了起來。學生盡量不濫用老師的好意——他們尊重老師，因為老師也尊重他們。這名教師知道如何確實傳達關心的訊息。

尊重引發尊重；不尊重引發不尊重。當學生對老師表現不尊重時，老師也許應該先回頭看看自己的表現。

## 追求進步，不追求完美

當老師鼓勵學生進步，而不是要求完美時，學生會知道老師是真正的關心。**教室內永遠不可能完美，但每次的挫敗都是尋找解決方案的機會。**即使你感到挫折、走兩步退三步，不要停止問，**「我們要如何做才能解決這個問題？」**這個問題不僅表現你的關心，也鼓勵孩子關心彼此。

某所學校有一名女同學在車禍事故中喪生。學校的危機處理小組決定利用班級會議，來幫助學生處理悲傷和恐懼的情緒。在這些會議上，學生們回憶這名女孩如何觸動每個人的心——每個學生都有機會對她表示感謝。接著老師問，「你現在擔心什麼？」有些學生說他們害怕回家。很多人從未面對過死亡，感到無所適從。

學生一起腦力激盪，想出了幾個辦法。其中之一是製作一份「**電話樹**」，將彼此的電話寫上去，這樣即使在下課後，他們也可以打電話給彼此。學生針對自己在白天時可以談話的對象擬出一份清單。許多學生感覺自己在校期間可以談話的對象不同：警衛人員、圖書館員、午餐阿姨、諮商師、教師、校長及其他。如果他們覺得有需要的話，隨時都可以去找對方談話。此外，學生們也決定將這位過世的女孩的照片別在絲帶上，他們戴了一個星期紀念她。並且，他們以這位女孩的名義購買並種植了一棵紀念樹，全年加以灌溉呵護。學生們想出這些處理悲傷情緒的做法，讓許多大人都覺得值得效法。

願意教導學生情感連結技巧的老師常會發現，他的工作變得愈來愈輕鬆有趣。**幫助學生感受到關心、歸屬感與自我價值**，是老師可以為學生做的最棒的事，激勵他們發揮最大的潛能，不管是在學業上或在其他方面。

## 正向教養實例

我對聖羅莎特許學校真是感激不盡。他們不僅教導我的孩子熱愛學習，也灌輸他們在與人相處時，不論對方是否認同自己，都要保持尊重。最棒的是，這些道理甚至連我最小的孩子都懂（最小的現在十三歲，是最後一年在聖羅莎）。聖羅莎特許學校屬於聖羅莎教育組織的一部分，它是公立特許學校K-8與私立幼兒園的聯合組織。幼兒園是特許學校的基礎。若沒有了這些幼兒園，以及希望讓孩子繼續在正向教養與相互合作的環境中學習的創辦者，就不會有這些特許學校。在聖羅莎教育集團裡，所有的班級都會舉行班級會議，孩子在其中學習並使用八種召開班級會議的技巧。

——莎賓娜．豪威爾，三個孩子都就讀聖羅莎特許學校，這是一間位於加州聖羅莎市的正向教養學校

◇　◇　◇

十五年前，在我開始教書的第一年，我知道自己需要一套管理學生行為的辦法，但不知該如何選擇和應用。我當時在其他教室和書本裡學到的，都是威權式的管教方式，像是叫學生移動卡片、變換色卡、把名字寫在黑板上等。於是，我試用了其中一套管教方式，但唯一能知道是否有效的指標，是學生安不安靜，或是不是立刻聽話。結果顯然沒這麼順利，於是我判定這套方式沒用，然後再換另一套……再一套……最後一套！這一

年對我來說，過得很痛苦！

我在這一年裡經常感到沮喪，既無助又無力。我經常對學生咬牙切齒地大喊，而且……還經常哭。到了那一年快結束時，我下定決心第二年要好好教，但不要重蹈第一年的覆轍——我知道自己不想再做的事。我想幫助學生盡可能地學習；最重要的是，真正認識他們，並與他們每一個人建立情感連結。對我來說，如果學生對老師沒有情感連結，他們也不會有真正優異的學業表現。

接下來的十年，我的教法和我所感受到的變化，與正向教養的理念極為吻合。但我其實一直到二〇〇七年，才真正接觸到《跟阿德勒學正向教養：教師篇》、《正向教養：教師指南A到Z》等書。我知道這聽起來很荒謬，但當我閱讀這些書時，我真像是聽到天使在唱歌！每句話對我來說都心有戚戚焉，我驚訝地看到自己一直難以言說的感受，都被化為紙上的文字。

二〇〇八年夏天，我參加了為期兩天的「正向教養學校講師認證培訓」工作坊。工作坊裡所有的活動我都好喜歡。我很期待能馬上回到學校實際運用。我開始在學生身上採行正向教養，也在私底下和學生家長分享我在書中和工作坊中學到的新知。我們班開始舉行班級會議；舉行的過程不完全順利，但學生的表現和他們解決問題的能力讓我感到驚喜。在學期的最後一天，學生和我一起看著今年討論過的一堆議程表——至少有五公分那麼高！學生對於自己一起幫忙解決過這麼多問題而感到驕傲。（我也是！）

我繼續使用正向教養的教室管理辦法，不過，今年我不得不取消班級會議。學校方面指定進行的活動和課程愈來愈多，以至於真的沒有時間繼續下去。然而，當我回顧過去這令人沮喪的一年，我發現有許多幾乎讓我抓狂的學生行為和教室管理問題，大多可用班級會議來解決。班級會議正是學生和我所需要的，取消它，真是最大的錯誤。儘管如此，我深信錯誤是一個美好的學習機會，感謝正向教養！

——無名氏

6
CHAPTER

# 尊重且有效的溝通，讓課堂氣氛更融洽

## 「啟發式」提問＆用心傾聽＆表達「感受性」詞彙

從旁觀者的角度來看，
所有的意見都有道理。

——魯道夫．德瑞克斯

改善溝通技巧是一個持續進行的過程。本章幫助你評估自己的溝通技巧，並提供如何改善的工具。在第七章，我們會分享可以在教室裡和學生一起從事的活動，幫助孩子們加強溝通技巧。

這個「溫度計」的活動將為你顯示，溝通不良和溝通良好之間技巧的差別。你可以和一位朋友一起練習，看看你能從中學到什麼。

請朋友扮演「學生」，並假裝在你們中間的地板上有一個「溫度計」。當你說讓人洩氣的話時，他便離你遠一點（往溫度較低的一端移動）；當你說鼓勵的話時，他便靠你近一點（往溫度較高的一端移動）。「學生」不需要說話回應，只需要靠著移動來表示受到挫折（往冷的方向移動），或是感受到鼓勵（往溫暖的方向移動）。

一開始，請使用下列「溝通不良」的句子。我們知道一般老師不會真的如此對孩子說話，但為了加快學習速度，我們在此使用稍微極端一點的例子。你可以用責備的語氣說這些句子，一次說一句。

## 溝通不良的說法

- 這是你的錯。
- 要我說多少次？你耳朵被塞住了嗎？
- 其他學生向我抱怨你的所作所為，我想，他們說得一點都沒錯。

- 你什麼時候才會振作？
- 我沒興趣了解你的感受。不要哭了，不要像個小嬰兒！
- 你剛剛做了什麼？別說你什麼都沒做！
- 你最好乖乖聽話，否則你這一科會被當掉。

到目前為止，那名「學生」可能早就遠遠坐到「低溫」那一端了。請對方分享在這個階段的活動中所學到的事。現在告訴「學生」你會再試試看。請對方再次根據你說的話，往「高溫」或「低溫」的方向移動。以下的說法是為了改善溝通，但真要贏回「學生」的信任，可能還是要花一點時間。

## 溝通良好的說法

- 我看得出你現在很難過。我了解，這真的令人難過。
- 管理操場的老師告訴我，你今天缺乏合作的態度。我很想知道你的想法？
- 我知道你在這個問題上是否需要幫忙。我有一些想法。
- 你何不把這個問題提到班級會議的議程上，這樣同學可以聽到你的說法？
- 你認為將來如何避免再次出現類似的問題？
- 謝謝你花時間針對這個問題和我進行對話。

請「學生」再次分享他從中學到的事，包括這兩種溝通所引發的想法、感受和決定。從這個活動中，你是否看出不良溝通對教室氣氛的破壞？你又該如何改善？

## 從阻礙情感連結的溝通，轉換到促進情感連結的溝通

史蒂芬．格林描述了五種「阻礙與建立良好溝通」的元素。*我們經常以為自己在改善溝通，但實際上使用的卻是阻礙溝通的方法。

### 阻礙1—假設VS確認

老師很容易未經詢問，就假設自己了解學生的想法和感受——你假設學生能做的事，以及他們應該如何回應——這叫做「讀心術」，我們還沒發現有哪一個人是合格的讀心術專家。如果你根據自己的假設來對待學生，你不僅會錯失真正認識學生的良機，也可能因此在無意間傷害到他們的感情，進而破壞了師生關係。

**不要假設，透過確認來建立良好的溝通，向學生提出啟發式的問題**。正向教養的方法鼓勵老師探索學生真正的想法和感受。一旦你以確認取代假設，你會發現學生對和自己有關的問題和議題，真正抱持的看法和感受為何。

一位接受過行為矯正訓練的特教老師假設，她的學生沒有能力參與班級會議；她相信

自己的主要職責是控制學生的行為。她想透過舉行一次班級會議來測試自己的假設。即使這些孩子沒辦法寫下自己的名字，但他們每個人都有一種特別的標記方式，可以在議程上註記，以此表示他們想幫忙解決的問題。這位老師發現，學生的表現比她假設的更有能力。學生很快地就學會在班級會議上表達需求，並參與解決老師所苦惱的問題。

◇ ◇ ◇

另一名老師假設，有一群女孩沒辦法一起玩，因為她們有三個人——她認定只要是三個女孩的小團體，其中有一個必定會受到排擠。當她詢問這三名女孩發生什麼事時，她們說，「老師，我們想一起玩。但因為只有兩顆球，我們還想不出怎麼把東西分成三份。」這些孩子才在幼兒園階段，於是老師問她們想不想知道三個人如何玩兩顆球的遊戲。她們興奮地表示想聽聽老師的建議。

＊關於這五種「阻礙與建立良好溝通」的元素，可進一步參閱《在自我放縱的世界中培養自力更生的孩子》，其中有一章專門討論這個問題；在「培養有能力的人」課程中亦有相關講授。

這些女孩特別喜歡一次玩一顆球，然後輪流丟給彼此。當老師建議她們輪流看其他兩個人玩的時候，她們笑了。老師說，「不如讓頭髮最捲的人先在旁邊看，好嗎？頭髮最直的人第二，最後是頭髮最短的人。」這些女孩向老師說，「謝謝。我們可以自己想出辦法。」她們真的想出來了，而且她們的辦法還比老師建議的簡單——她們使用猜拳決定誰要先等一下。

## 阻礙 2—拯救與解釋 VS 探索

拯救與解釋是溝通的阻礙。你幫學生做事，以為是在關心或幫助他們，但其實是讓他們無法從經驗中學習。同樣地，你不停地向學生解釋，以為自己在幫忙，卻反而剝奪了他們自己想通的機會。你可以試著記下自己拯救學生的次數，像是說教、解釋事件經過和起因、他們應該怎麼想、怎麼做等。比方說，某位老師牽著孩子的手，一邊帶著她尋找她的外套，一邊對她解釋責任的重要性。孩子可能會一臉茫然，這時你應該問問自己：孩子真的對你說的話感興趣嗎？魯道夫．德瑞克斯建議，**最好不要幫孩子做他們自己能做到的事**。

**探索有助於溝通**。記得使用**啟發式提問**來改善溝通並促進師生之間的情感連結。第二章中「啟發式提問VS命令式」（詳見第三十六頁）的活動，將讓你變得更有好奇心。一個簡單的探索提問是，「請再多說一點。」你還可以接著問，「然後呢？接著呢？」當孩子真的想說出自己的想法和感受時，他們需要的鼓勵並不多。但他們的確需要知道，你對他們的想法是真正地感興趣。只要你在**傾聽時不批評、不打斷、不糾正**，他們會告訴你很多事情。

**班級會議是一個讓學生探索事件過程、起因、行為後果、內心感受，以及如何解決問題的絕佳機會**。當你有機會讓學生自己想辦法，他們所想出的解決方案，通常和被大人告知而他們當耳邊風的辦法是一致的。這樣的探索可以幫助學生培養內控力，而非來自外在的管控。

## 阻礙3──命令VS邀請與鼓勵

給太多命令會加強學生的依賴性，扼殺主動性和合作力，並且引發消極與躁動的行為（心不甘情不願地做事，不想把事情做完，想讓老師覺得「煩」）。如果你不確定自己是不是在「命令」學生，一個簡單的確認辦法是自我檢測。如果你注意到自己不斷重複同樣的話，並抱怨學生不聽話，你就是給太多命令了。若是這樣的話，你可以加強邀請與鼓勵的溝通技巧。

**邀請學生參與制定計畫和解決問題的活動，可幫助他們自我管理**。像是：「上課鐘快響了。如果同學可以幫忙在下一節課開始前把教室整理好，我會非常感謝。」**命令引發負面、強烈的抵抗或反叛；邀請則鼓勵合作**。

## 阻礙4—期待VS慶祝

對老師來說，對學生抱持高度的期待，並深信他們可以展現自己的潛力，是很重要的事。不過，如果你把理想當作標準，並打擊達不到標準的學生，學生會因此感到挫折。舉例來說，「我以為你應該更成熟。我以為你應該更懂得負責任。我期待你成為像你哥哥一樣的學生。」

不要期待，而是找機會讚揚學生的成就與獨特性——在班級會議中允許老師和學生藉由讚美和解決問題，向彼此表達感謝。透過不斷地練習，學生在其他時候也會自然而然地運用在班級會議中所學到的技巧。**讚揚學生發揮潛力或表現成熟的時刻，就是一種鼓勵。**但如果你要求得太多、太快，則會讓學生感到挫折。

假設有一名從來都不敢提問的學生，突然提問了，但他提的問題卻偏離正題。這時，你可以先肯定他提問的勇氣，而不是責怪他不專心，然後詢問他對於正在討論的主題有何想法。同樣地，會作弊的學生代表他們渴望獲得好成績，老師可以帶領他們探索達到相同目的的其他方法。

## 阻礙5—「成人主義」VS尊重

當老師把孩子當作不成熟的大人，期待他們像成人一樣地思考和行動時，就是所謂的「成人主義」。這樣的例子包括：「你怎麼從來不會——？」「為什麼你做不到——？」

「你肯定了解——？」「我要說多少次？」「我不敢相信你會做出這種事！你讓我太失望了。」幾乎任何包括「應該」或「怎麼會這樣」，或是以生氣的口吻說的話，都是一種「成人主義」的表現。「成人主義」引發的是內疚感，而不是支持和鼓勵。這裡傳達的訊息是：你跟我的看法不一樣，這是你的錯。

一旦你開始尊重學生，你會重視學生不同的意見。**「尊重」會創造出接受的氛圍，鼓勵成長與有效的溝通。不要批評別人所忽略的事，鼓勵學生了解自己和他人。**不要說，「你知道我在這個計畫上想要的成果！」而是說，「你對這個計畫的要求有何了解？」或是，「當你以這種方式展現計畫時，你在想什麼？」你要對學生的答案真正感興趣，才問這些問題。

學生的優先事項通常跟成人不一樣——在數學、科學上取得好成績，或是在學校裡表現優異，很可能不在學生想做的前一百件事情內。但這並不表示我們不能要求他們學數學和科學，而是表示老師須尊重學生有不同的優先事項。他們可能更在意：朋友（或是沒朋友）、運動（或是沒被球隊選上）、車子（「我負擔得了嗎？」）、賴床（「老師不知道我的生理時鐘跟別人不一樣嗎？」），還是好的或壞的家庭關係。這份清單可以一直羅列下去。

班級會議讓學生有機會探索與解決許多困擾他們的問題。你可以藉由這些問題和學生的優先順序，來幫助他們探索學習的相關性。透過這些方法，你將邀請學生與你合作，而不是抵抗或反叛。

◇ ◇ ◇

不良的溝通，在老師和學生身上所引發的沮喪與挫折感是一樣的。老師若能採取五種促進情感連結的溝通方法，不管是老師或學生都能從中受益。**如果學生感受到老師的重視，這種藉由確認、探索、邀請、鼓勵、慶祝與尊重的溝通方法，將能賦予學生力量。**

有一名教師分享了以下的故事：

> 我意識到自己和學生之間的溝通不良。我假設他們需要我介入處理事情、做說明，並指導他們方向和做法，用很多的「應該」來指出他們讓我失望的地方。最後我會開始說教，使用像是「我說過多少次了？」或「你應該做得更好！」的句子。我覺得很累，學生也沒有進步，於是，我轉換到促進情感連結的溝通方式。我和學生確認他們對問題的理解，一起探索做法並解決問題，讚揚所有朝著正確方向前進的行動，而不是把焦點放在他們做不到的部分。對於學生的想法和感受，我都以接受表示尊重。教室的氣氛因此改善了；我的脾氣變好了，孩子也進步了。

每個技巧都一樣好，但重要的是，溝通並非只有說話。傾聽、尊重、好奇心，以及給予對方支持等，都是促進良好溝通的要素。如果你想練習其他溝通技巧，請選擇下列的某個活動來練習。

## 四個賦予學生能力的溝通技巧

### 技巧 1 ─說到做到

學生會知道什麼時候你是認真的，什麼時候你只是隨便說說。真是這樣嗎？是的，因為孩子們是非常科學的。他們注意看你的行動，更勝於聽你說話。如果你花很多時間說話、指示、要求和告知，卻沒有以行動貫徹執行，你的話只會被學生當成耳邊風。

另一方面，如果你說到做到，學生會知道你是認真的，他們會注意聽話。值得注意的是，你得先想清楚要說的話，並確定自己能夠貫徹執行。舉例來說：

● 瓊斯老師說：「請安靜排好隊；排好之後，我們就會出發到遊戲場。」她沒有再多說任何話；相反地，她靜靜地等待學生排好隊伍，然後打開教室的門，帶他們前往遊戲場。

- 辛格老師說：「遲交作業一律零分。」蘇西遲交作業，得到了零分。她對辛格老師苦苦哀求，期望他改變心意。辛格老師微笑地說：「沒辦法，就是這樣囉！」然後繼續做其他事。
- 兩名學生一起來找史密斯老師，互相怪罪對方。史密斯老師說：「我對於是誰的錯沒興趣；我更有興趣的，是和你們一起尋找解決的辦法。」她把這個問題寫進班級會議的議程，對他們說：「我相信這個問題可以在下次的班級會議上獲得解決。」

## 技巧2—少即是多

如果你注意到學生開始不專心，情況也沒有好轉，請試著減少說話量——以單詞或字數少的句子說話。

當你說「休息」、「安靜」、「時間到了」、「圍圈圈」時，學生會聽到什麼。或是，「把筆放下，把考卷交到前面。」「準備好聽故事的人，請舉手。」「利用『選擇輪』尋找解決方案。」「班級會議時間。」「教室很亂。請撿起地上的紙張。」（以上全部是「單詞」或「短句」）

一旦你開始採用這個簡單的技巧，你會驚訝地發現學生的注意力提高了。這些單詞或短句說一次就好，安靜地等學生接收訊息並開始行動。

## 正向教養實例

大約在二十年前，我開始接觸到正向教養的方法，從那時起，我便在教室裡加以運用。哇！它真的為孩子們創造出和以往大為不同的美好環境。書中所寫的每一句話都很有道理。父母也跑來告訴我，他們注意到孩子在家裡的改變；並且，我們也談到班級會議和家庭會議的效果。自從我成為母親之後，便開始在孩子身上使用正向教養技巧——這對於幫助孩子培養互相尊重的態度很有效果。

——克莉絲汀．漢米爾頓，來自奧勒岡州尤金市

## 技巧3——大腦、心與情感

我們說話時大部分用的是大腦。在教室裡，你可以用心、用情感來說話，多使用「情感性詞彙」。同樣的話，透過大腦、心和情感說起來，會給人非常不同的感覺。在閱讀以下的範例時，反過來想想你會有何反應。

- **大腦**：「你們在練習足球的四角傳球時，常常發生推擠、打人、有人受傷的情況。

應該馬上禁止這項遊戲。我們不允許遊戲場上出現這種行為。」

● **心**：「我看到有人在玩四角傳球時被球打到，結果瘀青了。我為此感到難過。如果我們不能想出又安全又尊重彼此的玩法，我擔心這個遊戲不能再繼續下去。」

● **情感**：「我很生氣，因為有些人利用四角傳球來傷人。在你們想出又安全又尊重彼此的玩法前，我必須先禁止這項遊戲。你們如果想到了辦法，就告訴我。」

閉上眼睛，假裝自己是個學生，聆聽他人大聲唸出分別來自大腦、心與情感的陳述。哪一種陳述帶給你最大的影響？有人說：

● 「**大腦**」的陳述：聽起來很像「囉唆」。

● 「**心**」的陳述：聽起來像「老師又生氣了，這沒什麼新奇。」

● 「**情感**」的陳述：真的引起學生的注意。作為學生，這讓他真的關心老師生氣的原因，並且希望一起想辦法讓遊戲可以繼續下去。

許多願意嘗試正向教養方法的老師，都能做到「溫和且堅定」中的「溫和」，但卻沒辦法做到「堅定」。**從你的情感出發，是表達「堅定」最好的辦法**，尤其是當你以尊重的態度對待學生，效果將會更好。

## 正向教養實例

我們將正向教養看成一個三角形，由學生、家長與老師這三方所組成。我們對這三方所抱持的期待很清楚，並對每一方的貢獻心懷感激。我們強力鼓勵所有加入學校社區的新手父母都能參加正向教養家長課程，這是很有效的一種方法。我們也說得很清楚，學校的用意不在於「改變」父母的教養方式，我們不想讓父母認為自己的教養方式「不對」。我們會向父母說明，請他們前來上課的目的，是為了在討論指導與管理問題時，彼此能夠使用相同的語言，學校和父母也能因此有更好的合作。父母在了解這份用意後，通常都願意上課，甚至，大部分的人開始在家裡運用正向教養的技巧。

——莫莉．亨利，蒙特梭利學校主任

## 技巧4—網球比賽

請你回想打網球或看一場精采的網球比賽時的感受。看到選手持續對打，球在兩邊來來回回的過程，讓人感到很興奮；但如果有人開球，卻沒有人回擊，就會變得很無聊。你可能很快就失去了看球的興趣。

這跟單向的溝通一樣。好的溝通就像一場網球比賽，兩邊輪流分享想法和感受。雖說在上課時可能不適合進行雙向對話，但在其他時候卻有其必要。

假設你請某位學生下課後來討論他的學習問題——這就是進行網球比賽式對話的好時機。在校外教學時和學生放鬆閒聊，也是另一個運用的好時機。透過班級會議，學生將學會輪流發言，並在其他人說話時注意傾聽。你可以透過體驗活動來教導學生溝通技巧。許多學生都認為下列的三種活動很有趣，並從中有所學習。

**活動名稱** 傾聽技巧①

**活動目的**

✽ 教導有效的傾聽技巧。

**重點提示**

✽「說」通常比「聽」更容易。培養好的傾聽技巧需要練習。

### 活動步驟

① 請學生兩人一組。從下列主題中選出一個：「晚餐桌上最愛的食物」、「我喜歡學校的哪些部分」或是「我不喜歡學校的哪些部分」。請學生同時開始說話。

② 請他們停止說話，詢問有多少人感覺被傾聽。學生在分享從中獲得的感受、學習或決定時，討論應該會很熱烈。

③ 詢問學生如何解決同時說話的問題。他們如何成為一名好的傾聽者？

④ 在海報紙上寫下「好的傾聽技巧」這個標題，並記錄學生的所有想法。以下是一份範例清單（最重要的是，讓學生自己提出想法）：

- 目光接觸。（眼神不要飄移）
- 不要打斷對方。
- 偶爾以點頭表示傾聽。
- 對對方說的話表現興趣與好奇。
- 全神貫注地聽對方說話。

⑤ 將這張海報掛在教室裡。之後如果學生沒有好好傾聽，請他們參考這份清單，找出可以改善的方法。

**活動名稱** 傾聽技巧②

**活動目的**

①請學生兩人一組。首先，請其中一名學生向另一名學生描述自己最喜歡的電視節目，另一名學生則避開與對方的目光接觸。再來，傾聽的同學在對方還在說話時，站起來，並且走開。

②請學生分享這個體驗帶給他們的想法、感受和決定。即使這只是角色扮演，還是請「沒禮貌」的學生為自己的粗魯態度向對方道歉，並再試一次。這對學生來說也是很好的練習——犯了錯沒關係，糾正後，再試一次就好。這也能讓被輕忽的學生恢復心情，繼續進行下個階段的活動。

③首先，讓原來說話的學生再次向對方描述自己最喜歡的電視節目。這次在你的提醒下，另一名學生全神貫注地傾聽，並適時地使用目光接觸和肢體語言（例如，向前傾，靠近對方）表達對對方的興趣。

④再次請兩位學生根據新的體驗，分享各自的想法、感受和決定。

**重點提示**

✽即使這只是角色扮演，但活動中不貼心的舉動，仍會令人產生挫折感。

✽學生在分享從活動中學到的東西時，每個人都對不良的傾聽態度很有感觸。你可以和學生進一步討論，良好的傾聽技巧與班級會議進行得順利、生活過得順遂之間有何關聯。

**活動名稱** 「我感覺」的陳述

**活動目的**

✽當你談論自己的內心感受，而不是分析他人時，溝通才會改善。

✽這個活動幫助你辨認自己的感受，並對他人敞開心胸，由此促進更良好的溝通。

**活動步驟**

① 一個構成良好溝通的要素，是使用「我感覺」的陳述。請學生透過某個愉快的回憶，來練習「我感覺」公式。

② 請學生填好下列句子裡的空格：「當＿＿時，我感覺很快樂，我希望＿＿。」

③ 請學生回想某個生氣的時刻，並填好下列句子裡的空格：「當＿＿時，我感覺很生氣，我希望＿＿。」

**重點提示**

✲感受經常可以用「單詞」來表達。你可以讓學生練習「情感詞彙」，像是快樂、生氣、難堪、害怕、難過、興奮等，或讓學生參考左頁的「情感臉譜圖」，進行更多的練習。

✲一旦學生學會使用「我感覺」的陳述技巧，當發生溝通不順暢時，他們就有了可以參考的指標。舉例來說，如果你認為某位學生在溝通時表現出責備或批判的態度，你可以問對方，「你想不想用『我感覺』公式再試一次？還是你希望班上同學一起幫你？」如果這名學生願意接受幫忙，請他從舉手幫忙的同學中選出一個適合他的建議。

## 情感臉譜圖

平靜
興奮
難過
震驚
驕傲
懷疑
憂慮
無助
疲倦
自信
被拒絕
害怕
有決心
無聊
不滿
憤怒
受傷
淘氣
嫉妒
羞愧
緊張
懊惱
絕望
關愛
不堪重負
不確定
發怒
如釋重負
寂寞
平和
憂鬱
樂觀
暴躁
罪惡感
擔心

7

CHAPTER

# 不指責、不懲罰，專注而積極解決問題

## 善用工具卡＆選擇輪＆和平桌＆班級會議，各種難題迎刃而解

由民主制度所引發的弊端，
都能藉由更多的民主來糾正。

——魯道夫・德瑞克斯

如果所有的學生都專注於解決問題，你的教室會成為什麼樣子？同樣地，如果全世界的人都專注於解決問題，這世界會有多大的不同？我們都希望世界和平；不過，許多學生太習慣於接受懲罰——他們以為本來就應該這樣。以下的活動會幫助學生深入思考，並得出不同的結論。

## 表現好之前，需要先感覺糟糕嗎？

請一名志願者製作下面這張海報，提醒學生鼓勵比懲罰更有用：

> 我們為什麼會認為，要讓人有好的表現，必須先讓他感覺糟糕？
> 人們感覺好的時候，會表現得更好。

請學生回想，是否曾有人為了要讓他有好的表現，而使他感覺很糟糕。將寫有以下這三個標題的紙張發給學生：**「我受過的懲罰」**、**「我對自己和他人產生的想法」**、**「我決定採取的行動」**。

請學生在「我受過的懲罰」下面列出所有想得到的經驗。可能的懲罰包括：禁足、打屁股、責罵、剝奪權利等；請學生自己加上接受過的其他懲罰，再請他們回想事情發生的經過，重新加以體驗，並回想當時的感受。

請他們填寫**「我對自己和他人產生的想法」**與**「我決定採取的行動」**欄位。

| 我受過的懲罰 | 我對自己和他人產生的想法 | 我決定採取的行動 |
| --- | --- | --- |
| 留校察看 | 老師很笨 | 下課後留校，假裝用功 |
| 打電話給父母 | 我的麻煩大了。我需要想辦法逃避責任 | 告訴父母，老師在說謊 |
| 罰寫句子 | 很無聊又愚蠢。我下次最好不要再被抓到 | 完成被罰寫的句子後，仍然我行我素，不作改變 |
| 名字被寫在黑板上 | 我不在乎 | 接受懲罰，但還是老樣子 |
| 得到紅卡 | 我很糟糕 | 因為我很糟糕，乾脆放棄 |

將以上的範例與學生分享，詢問他們，「你認為接受這些懲罰的學生，將來會變得更負責和合作嗎？你認為這些學生未來還會採取哪些行動？」

請學生回答同樣的問題，然後問他們從活動中學到了什麼。你可以問學生願不願意學習**以更尊重且不包括懲罰的方法，來幫助改善彼此的行為**——大多數學生都喜歡這個提議。你可以教導學生如何進行腦力激盪，一起尋找出比懲罰、邏輯後果（經常是偽裝的懲罰）更好的解決方案。

有些班級已經將這些句子變成了精神標語，甚至為它們製作了海報：「**我們不指責，我們找辦法**」、「**挑戰是什麼？辦法在哪裡？**」當學生知道愈多專注於解決方案的方法，他們感受到的鼓勵就愈大。以下是專注於解決方案的方法：

## 3R1H的解決之道

如同學術能力需要經過訓練和練習一樣，學生在學習解決問題的技巧時，也需要訓練和練習。以下活動將有助於這個學習過程。

**① 請告訴學生，他們的任務是尋找解決之道（不包括懲罰）**

**② 請全班假想有一名女孩在別人的桌上亂畫。在黑板上列出以下五種解決方法：**

- 請女孩坐在地板上上課一週。
- 請女孩清理教室裡所有的桌子。
- 請女孩在全班面前清理另一名女孩的桌子。
- 請女孩道歉。
- 問女孩何時想清理另一名女孩的桌子，是現在？還是放學前？

### ③ 教導學生「3R1H」的解決之道

- 相關（Related）
- 尊重（Respectful）
- 合理（Reasonable）
- 有幫助（Helpful）

### ④ 與學生分享3R1H的定義

- **相關**：解決之道要與行為直接相關。假設有學生沒完成家庭作業，把他們送到辦公室其實與作業無關；與行為相關的一個解決辦法是，讓他們把作業做完，或是得不到分數。
- **尊重**：不論採取哪一種解決方法，老師和學生都要保持尊重的態度和語氣。老師也要以尊重學生的方式，徹底執行解決方案。「你想在中午休息時間把作業完成，還是在放學後？」這表示學生事先知道，如果犯了錯，他們會面對哪些後果。如果學生事先知道，這就是他們自己的選擇；如果不是，就變成是老師隨意做的選擇，學生要完全看老師的臉色。

- **合理**：解決方案要合理，不要趁機懲罰。比方說，不要說「現在你要做兩倍的功課」或「我會通知你的父母，讓他們在家裡也撤銷你的特權」這種話。
- **有幫助**：解決方案能夠幫助學生做得更好，並協助解決問題。

**⑤ 針對上述女孩在別人桌上亂畫的問題，與學生一起過濾清單上的解決方案**

根據 3R1H 的原則，針對每個建議，請學生舉手表示贊同或反對，「這個辦法相關嗎？尊重嗎？合理嗎？有幫助嗎？」刪除不符合 3R1H 原則的建議。你可以指出，符合所有原則的解決方案，就是替代懲罰最好的方案。

在學生完成解決方案的腦力激盪後，最重要的是，讓學生選擇對自己最有幫助的建議——這有助於學生在安全的環境裡培養負責任的心態。

## 四個解決問題的步驟

這四個步驟是你可以依循的程序與建議，幫助學生在尋找解決方案時不偏離主題。請從介紹這四個解決問題的步驟開始。

① **忽視問題**（比起留下來質問對方、起衝突或爭論，走開需要更多的勇氣。）

- 做別的事。（找到其他遊戲或活動）
- 離開的時間足夠讓彼此冷靜下來，接著執行下一個步驟。

② **互相尊重地討論問題**

- 告訴對方你的感受。讓他知道你不喜歡發生的事。
- 傾聽對方的感受，以及他不喜歡的部分。
- 分享你認為自己導致問題發生的要素。
- 告訴對方你願意改變什麼。

③ **協議解決方案**（舉例如下）

- 制定分享或輪流的辦法。
- 想辦法改變。
- 想辦法修理損壞或彌補。

④ **若想不出辦法，請尋求他人的協助**

- 把問題提到班級會議的議程上。
- 與父母、老師或朋友談一談。

請學生針對下列四種假想的情況進行角色扮演。請他們以不同的辦法解決不同的情況（在每種情況中採行一個步驟）。

- 爭論誰是下一個使用繩球的人
- 在排隊時推擠
- 罵人
- 爭論誰可以坐公車或坐車子靠窗的位子

在為學生介紹過這四個解決問題的步驟後，請一名志願的學生將這些步驟寫在海報上。寫好後，把海報放在每個學生都看得到的地方。有些老師會把這四個步驟製作成小卡片並護貝起來，讓學生可以隨身攜帶，有需要時方便使用。有一間學校甚至把四個解決問題的步驟塗在操場的「問題解決椅」上。

安德伍女士允許學生隨時離開教室使用解決問題的步驟。她經常看到兩名學生一起離開教室，坐在籬笆旁邊談話；幾分鐘後，他們會返回教室，繼續做該做的事。

## 工具卡

有些老師對於我們強調「專注於解決方案，而不是懲罰和獎勵」感到不安。他們懷疑，「真的不需要再做什麼嗎？」

你應該已經發現，本書提供許多替代方案。另一個專注於解決方案的方法是——使用正向教養互動工具卡。以下是一些範例：

這些工具卡主要是為了提供父母和孩子在家裡使用，但大多數的卡片內容也同樣可以在教室裡運用。

你可以從工具卡中選出適合在教室裡使用的解決方案，並放進一個籃子裡，當學生發生問題時，他們可以去籃子裡隨機抽出一張卡片，看看上面的方法是否適用。他們最多可以抽出三張卡片，

正向教養互動工具卡

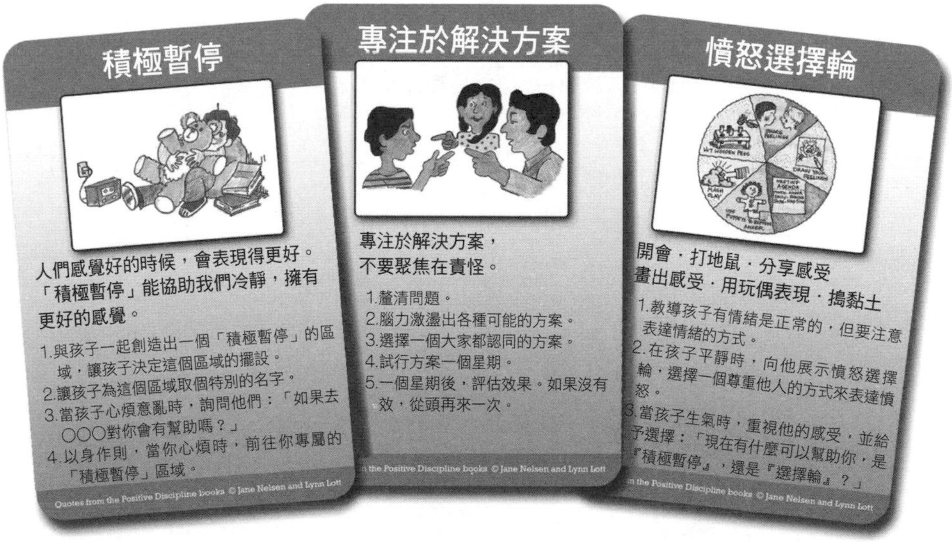
積極暫停
人們感覺好的時候，會表現得更好。「積極暫停」能協助我們冷靜，擁有更好的感覺。
1.與孩子一起創造出一個「積極暫停」的區域，讓孩子決定這個區域的擺設。
2.讓孩子為這個區域取個特別的名字。
3.當孩子心煩意亂時，詢問他們：「如果去○○○對你會有幫助嗎？」
4.以身作則，當你心煩時，前往你專屬的「積極暫停」區域。
Quotes from the Positive Discipline books © Jane Nelsen and Lynn Lott
專注於解決方案
專注於解決方案，不要聚焦在責怪。
1.釐清問題。
2.腦力激盪出各種可能的方案。
3.選擇一個大家都認同的方案。
4.試行方案一個星期。
5.一個星期後，評估效果。如果沒有效，從頭再來一次。
m the Positive Discipline books © Jane Nelsen and Lynn Lott
憤怒選擇輪
開會・打地鼠・分享感受
畫出感受・用玩偶表現・搗黏土
1.教導孩子有情緒是正常的，但要注意表達情緒的方式。
2.在孩子平靜時，向他展示憤怒選擇輪，選擇一個尊重他人的方式來表達憤怒。
3.當孩子生氣時，重視他的感受，並給予選擇：「現在有什麼可以幫助你，是『積極暫停』，還是『選擇輪』？」
m the Positive Discipline books © Jane Nelsen and Lynn Lott

並選擇最適合的一張。

為了確保學生了解工具卡上建議的方法，請學生每週挑出一張卡片，全班同學針對卡片上的內容進行討論，並請全班分享他們對於卡片內容的理解。如果孩子需要釐清內容，可藉由角色扮演來說明和舉例。一旦孩子擁有愈多解決問題的技巧，你幫忙解決問題的時間就會變少。

## 選擇輪

下頁中的**「選擇輪」是另一種賦予孩子解決問題的能力，而不是讓老師單獨承擔解決問題的壓力。「選擇輪」上的每一個區塊，都代表孩子可以學習和運用的問題解決技巧。**在這個過程中，他們會發現尊重他人的替代方案。**「選擇輪」中所建議的技巧，都基於尊重與合作的精神，以及對孩子能力的信任。**

自從《跟阿德勒學正向教養：教師篇》第一次出版後，由於「選擇輪」如此地簡單易懂，許多老師很喜歡在課堂上使用——幾乎不需要教。畢竟，有哪個孩子不知道從一數到十？或者分享與輪流？在某種程度上，每個人都做得到，因此「選擇輪」很有效果。不過，協助設計「選擇輪」學習課程的老師發現，如果學生參與練習這些技巧的活動，並對這些選擇有更多的理解後，它的效果將會加倍。

## 選擇輪

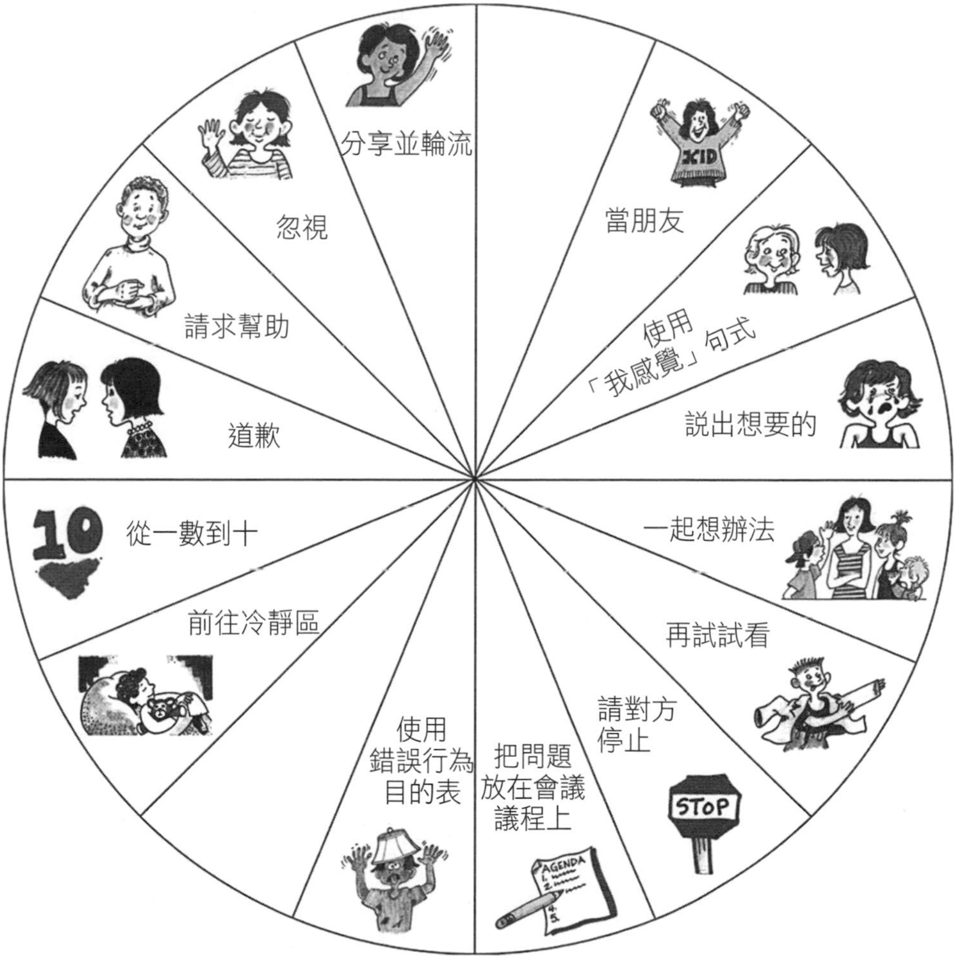
分享並輪流
當朋友
使用「我感覺」句式
說出想要的
一起想辦法
再試試看
請對方停止
STOP
把問題放在會議議程上
AGENDA
1.
2.
3.
4.
5.
使用錯誤行為目的表
前往冷靜區
從一數到十
10
道歉
請求幫助
忽視
KID

當學生技巧純熟後，他們可以為相應的區塊上色，創造出屬於個人的「選擇輪」。十四項課程可在 www.positivedicipline.com 找到。以下將以「道歉」的學習課程作為範例。

**活動名稱** **學習道歉**

**活動目的**

✽教導學生如何誠懇地道歉。

**所需材料**

✽蠟筆或麥克筆

**重點提示**

✽有時候，當我們犯了錯，我們會盡可能地彌補；在無法彌補時，至少要懂得道歉。道歉會創造出情感的連結，這樣才有機會一起專注於解決方案。

**活動步驟**

① 教導學生，犯錯本身並不重要，重要的是如何面對錯誤。任何人都可能會犯錯，

但一個有安全感的人才敢說「我很抱歉」，並盡可能地進行彌補。

② 請學生回想一個因對方不誠懇、說抱歉卻不真誠，而讓自己感覺受傷的情境。

③ 在教室裡，請學生兩人一組，輪流給對方不誠懇的道歉，讓每個學生都有機會作出和接受不真誠的道歉。

④ 以下列3S，示範真誠的道歉：

- 承認問題（See it）
- 表達歉意（Say it）
- 解決問題（Solve it）

**範例**

「我知道我拿走的鉛筆是你的（承認問題）。我很抱歉（表達歉意）。這是我的鉛筆，請你拿去用（解決問題）。」

⑤ 請學生練習真誠的道歉。

⑥ 再次請學生分享感受。

⑦ 提醒學生，要以責任感而不是責怪來認知錯誤。

⑧ 給學生時間，為「選擇輪」中的「道歉」上色。

使用「選擇輪」的方法有很多種。每個學生可以在桌上張貼個人的「選擇輪」。你可以在教室牆上貼一張大的「選擇輪」——有些學校張貼的「選擇輪」大到從操場上就看得到。操場管理員可以隨身攜帶卡片式的「選擇輪」作為調解工具——在學生出現問題時，請他們從中選擇適用的解決方案。

一個幫助學生和緩情緒的有趣方法是，**把「選擇輪」變成一種遊戲**。可以在「選擇輪」上加裝一個小指針，請學生轉動指針，看看它會指向哪個選項。如果選到的辦法無效，可以再選出一個適合的辦法，或是繼續轉動指針，直到指針指向他們喜歡的選項為止。

譚米·凱瑟斯是一年級的老師，她請學生從「選擇輪」中選出四種最喜歡的解決方案，然後用它們來製作個人掛飾。學生製作個人人像，放在掛飾的頂端，再從上面垂掛四個最喜歡的解決方案。學生將這些掛飾掛在桌子旁邊，作為需要解決問題時的提醒。

## 和平桌

在教室裡設置一張和平桌，起衝突的學生可以坐在這裡不受干擾地想出解決辦法，也可藉此提醒學生——重要的是，專注於尋找尊重彼此又有幫助的解決方案。

有些老師在和平桌上沒有設定任何規則，起衝突的孩子可以隨時到這張桌子邊，以各種可能的方式解決問題。有些老師則會加上 3R1H 的解決之道、四種解決問題的步驟、工具卡或選擇輪。其他老師則在這張桌邊進行談話，直到每個人感到平靜為止——有沒有想出解決辦法並不重要，透過這種方式，彼此已經可以了解到對方的想法。

## 班級會議議程

一旦你的班級有了進行班級會議的習慣後，處理學生的問題就會變得很簡單——你只需要請其中一個人把問題提到議程上（將在第九章學到更多有關班級會議的技巧）。更棒的是，你可以提供孩子選擇：「哪一種方法對你最有幫助？是四種解決問題的步驟？工具卡？選擇輪？和平桌？還是提到班級會議的議程上討論？」事實上，最好的做法是提供兩種選擇就好——你可以自行決定，提出最適合當時情況的兩種選擇。

孩子擁有許多未開發的潛能。在他們學會解決問題的技巧後，將能展現出豐富的智慧和才能。讓孩子一起參與解決問題的過程，將會帶來許多意想不到的結果——讓學生參與設想解決方案，不僅能幫助他們運用和加強技巧，他們也可能因為是自己想出的辦法，而更願意遵守約定。**當學生感到被傾聽、被認真看待、付出的心力也被珍惜時，他們就能發展出自信與情感的連結。**因為學生對班級產生了歸屬感，他們就不容易出現不當行為，也會更願意一起專注於解決問題。

## 正向教養實例

三年前，我們開始在YMCA課後輔導中採行正向教養的教學方式。我們一直以來所使用的獎懲制度，創造不出我們想要的學習環境。在正式採行正向教養的教學方式後，我們在孩子和老師身上立即看到轉變。我們先傳授老師一些基本原則，像是肢體語言、語氣、眼神接觸，並逐漸進階到傳授教室守則、班級會議與積極暫停。要讓孩子接受這種方式需要花點時間，做法上也要保持一致；而一旦他們接受了，我們看到的效果十分驚人。

三年後的現在，正向教養已經成為我們所有兒童教育課程中——從兩歲到十八歲，也包括暑期營隊——不可或缺的一部分。我們擔任領導階層的老師都必須閱讀《跟阿德勒學正向教養：教師篇》，所有老師在正式投入教學之前，都會接受正向教養教學法的實作練習。每間教室定期舉行班級會議，制定自己的教室守則，並在錯誤中不斷嘗試，以找到問題的解決方法。

我們過去習慣告訴孩子規則是什麼，犯規會有什麼樣的懲罰；現在他們自己制定規則，並驕傲地遵守自己所制定的規則。孩子們由此感受到自己是有能力的，並覺得受到尊重。我們從本書學習到最重要的一點是：我們追求的是進步，而非完美。

——勞拉・柯爾莫與傑夫・馬利茲卡，康乃狄克州威爾頓的YMCA

8

CHAPTER

# 掌握教室管理工具，改善學生疑難雜症

## 鼓勵孩子思考並主動參與，激發合作力

我們經常在鼓勵周圍的人，
或使他們感到挫折，從這個角度來看，
我們對他們擁有多少運作良好的能力，
有著實質的影響力。

——魯道夫・德瑞克斯

如果你能在教室管理上秉持互相尊重的精神，不管你是培養學生的學業成就，還是社交與情感技能，都會有最好的效果。本章為你提供十一種教室管理工具，幫助你維持教室內互相尊重的氣氛。如同所有的工具箱一樣，沒有任何一項工具可以做好全部的工作；重要的是，你要讓自己具備多樣化的工具。

有位校長提到，當老師來向她抱怨學生的問題時，她會打開這本書，翻到這一章，和老師一起瀏覽所有的標題，並問她有沒有嘗試過哪一種正向教養策略——這是給老師的提醒，除了抱怨之外，還有很多其他解決問題的辦法。

## 1 有限的選擇

許多困難的問題可以透過有限的選擇來輕鬆解決。作為老師的你，可提供學生至少兩種可以接受的解決方案，讓他們選出適合解決問題的辦法。在這裡的關鍵字是「適合」和「可以接受」。

有些選擇並不適合拿來做選項。舉例來說，讓學生選擇要不要學習閱讀、上學、打人，或是爬到屋頂上這類危險行徑等，便不適合；其他則是適合但卻有限的選擇，像是「你可以讀這本書，還是那本書？」或是「你可以在休息時間做功課，還是回家做？」「現在對你最有幫助的會是什麼？使用四種解決問題的步驟，還是選擇輪？」

對年幼的孩子不適合提供開放式的選擇，像是「你想坐在哪裡？」或是「你想要學什麼？」**年幼的孩子需要的是有限的選擇**，像是「你可以坐在這張還是那張桌子旁邊」或是「我們可以先做美術作業，或是數學作業，你比較想先做哪一個？」

對於年紀較大的學生，你可以給予較多選擇，因為他們在做決定和面對後果的能力相對成熟。對於年幼的孩子，你可以問，「你想要寫關於蝴蝶還是烏龜的報告？」對於年長的孩子，可提供以下這樣的選擇，「你需要一週還是兩週的時間完成報告？你自己可以選擇主題。」

不管學生的選擇是什麼，只要你覺得沒問題，就是可以接受的選擇。不要給他們你無法接受的選擇。當你提供選擇，結果學生卻選了一個完全不同的選項時，簡單地對他們說：「這不在選項之中。再選一次。」

## 2 教室裡的工作

分配教室裡的工作，給學生機會做出有意義的貢獻，這是幫助學生感受歸屬感和自我價值最好的方法之一。從事指定的工作會給學生有所貢獻的滿足感，而老師也可以不用承擔全部的工作！

一個分配教室工作的方法，是讓學生一起腦力激盪想出足夠的工作，讓每個人都有機會幫忙。其中一個工作可以是「檢查工作」的人，請他確認每一天清單上的工作都被完成了；如果有人忘記做，「檢查工作」的人就要負責提醒忘記的同學。

把這份工作清單張貼在一個大家都看得到的地方。這份清單上可以包括下列工作：

| | |
|---|---|
| 製作工作分配表 | 收集作業 |
| 發作業 | 餵魚 |
| 為植物澆水 | 負責傳達學校通知 |
| 裝飾布告欄 | 裝飾教室 |
| 整理書架 | 補充文具 |
| 擔任隊長 | 擔任衛生股長 |
| 清空削筆機 | 負責檢查學校餐廳的清潔 |
| 在早上問候同學 | 負責檢查遊樂設施的安全 |

你可以建立輪流機制，每週進行工作的輪替。有時候，學生喜歡整個學期從事同一件工作——如果大家都同意，這種安排也沒問題。如果有人擔任熱門的工作太久，就容易引起不滿。

你可以每天指定一段時間讓學生處理教室的工作，這樣學生可以專心地做這些事。有些工作需要經過訓練，花點時間告訴學生文具補充品的位置，以及如何把工作做好。你可以在指定的工作時間協助需要幫忙的學生。

在某個幼兒園的班級裡，彼特森女士與學生針對打掃工作一起進行腦力激盪，他們還為每個工作都取了逗趣的名字——負責打掃地上紙屑的同學被稱為「吃紙機」；每個學生都有自己放書的閱讀箱，負責整理紙箱的同學被稱為「書架機器人」；負責發作業或其他東西的同學被叫做「桌隊長」；負責檢查大家有沒有把椅子放好的同學則是「椅隊長」。

彼特森女士說：「只要我一說『開始打掃』，教室很快就會被打掃乾淨。每張桌子前坐四位學生，所以我們有四種打掃工作，每個星期一進行工作的輪替。如果有人缺席，上週負責這項工作的人，就會連同他這週要做的工作，一起幫忙做好。」

察珀女士的班級設計了一份清楚的工作分配表，學生利用色紙為每一項工作製作一個口袋。學生接著為自己設計一張寫有自己名字的卡片，負責檢查工作的同學要做的第一項工作，就是在工作口袋裡更換這些名片。

拉森女士是一名高中藝術老師，她必須請兩天假參加一個工作坊。在她請假的前一天，她問學生想要請代課老師放電影，還是依照老師的教學計畫自習。他們班正在幫學校畫一幅壁畫，學生想在期限內把它完成。他們舉手說想繼續完成壁畫。當拉森女士從工作坊回來後，代課老師留給她一張小字條，說學生表現得很好，專注於工作，是很棒的小老師。

## 3 安靜行動

你可以用行動取代說話，花一天的時間聽聽自己——你會對自己說了多少廢話感到驚訝。如果你多行動、少說話，學生會立刻注意到不同。不要反覆地叫全班安靜，靜靜地等學生將注意力放在你身上。如果班上真的太吵了，暫時把燈關掉再打開，藉此吸引學生的注意。

有位老師經常提醒學生，在教室裡不能玩黑板。她現在會試著走到學生身邊，不發一語，把粉筆從他們的手中拿開，並輕輕地把他們的身體轉過來，示意讓他們走回座位坐下。她的行動讓學生感到很驚訝，他們馬上回座位坐下，打開書本，開始用功——老師和他們一樣地感到驚訝。現在這名老師學會不說她不做的事；如果她說的話是認真的，就會以行動而非言語來徹底執行。自從她將焦點轉到一次處理一個問題後，她很快就不再注意小問題，而是專心處理真正重要的問題。

當孩子年紀還小（學齡前到八歲），徹底執行相對地簡單。你說了，就要做到；當你說出口的話是認真的，你就要以溫和且堅定的態度徹底執行。要不然，就如同德瑞克斯曾經對父母和老師所說的，「**閉上嘴，行動**」。

凡德茲女士習慣用哄騙的方式，讓珍妮佛放下積木，來小圈圈裡一起閱讀。在學會徹底執行後，她決定採取不同的行動。第二天在閱讀時間快開始之前，她走到珍妮佛身邊，牽起她的手，溫和且堅定地引導她回到閱讀的圈圈裡。接著在快休息之前，她問珍妮佛：「在休息之前，妳需要先做好什麼？」珍妮佛用無辜的表情說：「我不知道耶！」凡德茲女士於是用手指向積木。珍妮佛走向積木，開始收拾了起來。在休息的鐘聲響起時，珍妮佛大約只收好一半的積木。凡德茲女士在門口攔住她，把她帶回積木區，用手指了指積木。珍妮佛盡快地把剩下的積木都撿起來——這樣她不會錯過太多的休息時間。珍妮佛學到，操控的伎倆不再有效。凡德茲女士也學到，以行動而非說教、威脅或懲罰來徹底執行，不但比較簡單，效果也更好。

如果你認為自己的學生不會像珍妮佛那樣願意合作，不要覺得氣餒。請遵循以下「有效徹底執行的四個步驟」，並避開「讓徹底執行失效的四個陷阱」，學生即使不情願，還是會跟你合作——他們會感受到，你的要求是合理的，而他們應該學會負責。

隨著孩子長大，如果你可以讓他們參與協商的過程，徹底執行將更為有效。「有效徹底執行的四個步驟」描述的就是這個過程。

### ● 有效徹底執行的四個步驟

① 與孩子友善地進行討論，給每個人機會說出自己對議題的感受和想法。（在開班級會議時，或是當你和一位或多位學生開會時。）

② 一起腦力激盪出可能的解決方案，從中挑選老師和學生都能接受的辦法。

③ 一起決定完成的期限（到幾點幾分）。

④ 如果學生在期限內完成不了協議好的事情，請像凡德茲女士對待珍妮佛那樣，以溫和且堅定的態度督促他們負責到底。

### ● 避開讓徹底執行失效的四個陷阱

① 期待學生的優先順序和大人一樣。

② 進行判斷和批評，而不是面對問題。

③ 沒有事先達成協議，包括明確的期限，以及老師會採取的行動。

④ 使用言語而非行動。

拉克納女士是一位高中舞蹈老師，她在上課第一天告訴學生，她們如果不穿舞鞋，就必須光著腳跳舞。她們隨後進行了一場激烈的討論：女學生想知道，為什麼她們不能穿襪子或是網球鞋跳舞。拉克納女士解釋，這一切都是為了安全考量。她了解女同學不想光著腳跳舞，也知道舞鞋很昂貴，但除非她們穿著合適的舞鞋，否則就無法跳舞。

很自然地，在第一週上課時，很多女孩忘了帶舞鞋，抱怨要光著腳跳舞。拉克納女士試著說到做到，於是她帶著溫暖的笑容問，「我們的協議是什麼？」她在女同學企圖辯解、懇求、哄她讓她們穿網球鞋跳舞時，什麼話都沒說，只是保持微笑。看到拉克納女士不作回應，女孩們只好停止抱怨，脫掉鞋襪，光著腳跳舞。

徹底執行是一個引導學生做好對他們有益的事、同時尊重自己和他人的溫和做法。養育和教導孩子並不是一件容易的事，徹底執行會讓事情變得簡單一點，也會讓你感覺付出的一切更值得。

有些老師拒絕徹底執行的做法，他們說，「我們不想監督學生做好自己承諾的事。我們期待他們能在無人監督的情況下，自己學會負責。」我們請抱持這種想法的老師思考以下四個問題：

- 如果你不花時間監督，以尊嚴和尊重的態度引導學生完成協議，萬一學生沒做好，你會責備、嘮叨和懲罰他們嗎？

- 你注意到孩子在他們認為重要的協議上，變得很有責任感嗎？
- 你自己難道不會先做喜歡的事，再做不喜歡的事嗎？
- 是什麼激勵你做不喜歡的事——別人對你的尊重，或是責備？（即使整理積木並非珍妮佛最喜歡做的事，但讓她學習怎麼做卻很重要。）

比起責罵、說教和懲罰，徹底執行要花的力氣比較少，但卻讓人感到較愉快且有效——它讓老師不再被動冷漠，而是變得主動且體貼；它可以幫助你賦予孩子能力，在重視孩子本性之餘，也教導他們對班級作出貢獻的重要性；並且，它也是取代專制和溺愛最好的替代方案。徹底執行幫助你在視情況需要解決問題時，還能維持每個人的尊嚴和自尊；徹底執行幫助孩子感覺良好、學習生活技能，並成為對社會有貢獻的一員。

## 4 啟發性提問

大部分的老師喜歡告訴學生事情發生的經過、原因，以及他們應該怎麼想、怎麼做。但其實老師真正要做的是向學生提問：

- 發生了什麼事？
- 你怎麼想？
- 你覺得事情發生的原因是什麼？
- 其他人跟這件事有何關係？
- 你對解決這個問題有何看法？

這是一些啟發性提問的範例，不該被當作台詞使用，否則聽起來會令人感到不真誠。你可以用許多不同的方式（具備你的特色），視不同情況使用啟發性提問。

有位八年級的老師希望重新安排教室座位。她一開始想直接告訴學生該怎麼做，但突然意識到，這是個難得的機會——讓學生自己設想出進行的步驟。她問學生：「你們覺得座位要怎麼安排，才能讓每個人都看得到彼此？」有五、六名學生提出建議，然後全班透過投票的方式選出最喜歡的辦法。

老師基於習慣，經常動不動就指導學生怎麼做，而後才意識到，其實自己可以詢問而不是告知。這個班級花了比平常稍久的時間重新安排座位，但學生卻有機會訓練思考並主動參與。儘管這位老師意識到，要將指示學生的習慣改成提問，並不是件簡單的事，她還是決定一試。她的學生變得比平常積極，全班都對如何重新安排座位提出了想法，而不是把工作留給少數幾位經常表達意見的同學。

**當你告知而非詢問，你無法鼓勵學生發展出判斷能力、評估後果的能力，以及負責任的能力。**你沒有給學生這份美好的禮物——**將錯誤視為學習的機會**。告知而非詢問、教導學生思考什麼，並無法教他們如何思考——這在一個充滿同儕壓力、教派和幫派的社會裡，是一件危險的事。不論你有多想用告知的方式，務必要忍住，並改用詢問的方式。

**以尊重的方式提問，經常能激發孩子的合作力**——因為大人多半習慣告知，而非詢問。以下的活動將幫助你練習提出「什麼」和「如何」的問題。你也可以在教師會議時進行這項活動。

**活動名稱** 練習提出「什麼」與「如何」的問題

**活動目的**

✽ 讓老師體驗到，幫助學生從經驗中學習比說教或懲罰來得有效。

**重點提示**

✽教育（Education）這個字來自拉丁文Educare，意思是「引出」。大人經常試著用說教的方式把東西「塞進」學生的腦袋，難怪他們會想不通——學生為什麼都學不會，把自己說的話當耳邊風。

**活動步驟**

①請參與者兩人一組，坐在椅子上，面對彼此。

②請參與者輪流進行角色扮演，一人扮演學生、一人扮演老師（每次一到兩分鐘）。

③一開始由「老師」提出自己注意到學生的某個行為（比方說，沒有交作業），然後忍住不要說教；相反地，老師向學生提出「什麼」和「如何」的問題。以下是一些提問範例：

- 我注意到你沒有交作業。發生了什麼事嗎？（傾聽）
- 你覺得是什麼原因造成的？（傾聽）
- 你如何看待發生的事情？（傾聽）
- 你覺得這對其他人會有什麼影響？（傾聽）
- 你從這個經驗中學到了什麼？（傾聽）
- 你想如何解決這個問題？或是，你有什麼想法可以避免將來再發生同樣的事情？（傾聽）
- 我可以如何幫忙？（傾聽）

保持對學生的傾聽很重要。老師經常喜歡介入，對學生說話的內容進行評判，這會導致學生停止學習、起防備心，並且把你的話當耳邊風。

在一般情況下，學生會說「我不知道」，因為他們了解到自己有權反對自證其罪。你可以使用的一種有效方法是對學生說：「我相信你可以自己想出辦法。我十分鐘後再來找你（或是明天早上）。」務必跟學生約定好繼續討論的時間，並遵守約定。

有些校長把上述「什麼」與「如何」的問題集抄錄在紙上。每當有學生被送到校長室，他們會給學生時間回想事情發生的經過，並寫下上述問題的回答。校長與學生接著會以這些回答作為基礎來進行談話並解決問題。

特別提醒的是：**除非你對學生的觀點真正感興趣，並希望幫助他們學習思考和解決問題，否則不要提問**。千萬不要在知道學生的回答後，給他一頓教訓。如果學生說他們對於沒輪到自己感到生氣，這時不適合告訴他們要更有耐心，你可以禮貌地繼續傾聽，或是繼續提出啟發性的問題，讓學生自己得出結論。

## 5 重新導向的提問

引導行為改變最好的方法之一，是**提出與目標行為有關的問題**。舉例來說，如果班上太吵，你可以問學生：「有多少人覺得這樣太吵令人難以專心？有多少人覺得不會？」

重要的是，記得從正反兩面提問，讓學生有機會誠實地回答。許多採用正向教養方法的老師設定了一系列手勢，讓學生用來回答這類問題。比方說，豎起大拇指表示「贊成」，大拇指向下表示「反對」，雙手在胸前打叉表示「不知道」等。

一般來說，提問本身就足以幫助學生反省自己的行為及需要採取的行動。一旦教室裡建立出相互尊重的氣氛，學生通常會願意合作——提問只是幫助他們更了解該做什麼。

在學生努力的過程中繼續提問，不需要討論。你會發現，光是透過「重新導引式詢問」（Redirect Questions）*，情況就會獲得很大的改善。我們曾見過一名老師以創新另類的方法展開重新導引式詢問——她在班上活動進行到一半時，請大家暫停一下，並提問：「我很想問問看，有沒有人願意幫忙荷瑟背九九乘法表？哇！荷瑟，你看看有多少人舉手！現在請你選一位同學陪你一起練習『七』！」

## 6 不處理（自然後果）

令人驚訝的是，要維持相互尊重的教室氣氛，一個有效的工具是——**不處理**。有位八年級的數學老師習慣回應上課時出現的所有問題——她回答所有學生提出的問題，處理

*導引問題給另一個人，鼓勵深入的討論。若有人專精於某一方面，也可將問題重新導引給他。

任何出現的干擾，以至於她大部分的時間都在處理問題，而不是教課。當聽到「什麼都不做」這個觀點時，她半信半疑——她沒想過事情可以放著不管，但她決定試試看。

她很驚訝地發現，學生通常自己就會停止干擾行為，否則同學也會請他們停止。當她停止對不當行為做回應後，許多問題也因此消失了。有一次，她在無意中聽到一名學生說：「不要再問老師了。她今天已經夠辛苦了。我也許可以幫忙回答這個問題。」

當她聽到學生在互相幫助時，她說：「很高興看到你們在沒有我介入的情況下，就能解決這麼多問題。我沒有生氣或覺得辛苦，只是希望能多花心力上課，不要一直在處理問題。有多少人願意幫我做到這一點呢？」全班都舉起了手。

## 7 決定你要做的

大部分正向教養的方法都鼓勵學生共同參與，藉此幫助他們學習合作並培養社會情懷。不過，有時候老師可以決定自己要做的（而非學生該怎麼做），避免說教或懲罰，以溫和且堅定的行動來徹底執行。

我們真正能控制的只有自己的行為。大人也許可以讓孩子**表現出**尊重的態度，但卻沒辦法讓他們**感覺到**尊重人的重要性。鼓勵學生感受尊重精神的最佳方法，是控制我們自己的行為，示範如何尊重自己和他人。

**讓每個人擁有自我控制的權利，才是真正的尊重與鼓勵**。當老師試圖控制學生的行為時，便是一種對學生的不尊重。即使大人對孩子的態度通常是不尊重的，他們卻要求孩子要尊重大人——這聽起來合理嗎？

決定自己的做法，而不要試圖控制別人——對某些老師來說，這也許是一種新穎的想法。以下的例子能幫助你擴展思考。

有位老師對於要不斷重複指示感到疲倦。她對全班宣布，她以後的指示只會說一次，如果有需要，她會把它寫在黑板上。萬一有人不了解，或是沒聽到，沒關係，他可以問同學。老師說過的話不會再重複說。然而，有些學生還是會過來問她，這樣的話，她只會微微笑、聳聳肩。因此，學生不是自己想辦法，就是請其他同學幫忙。

以下的例子將為你示範如何同時運用「徹底執行」與「決定你的做法」。

亞當斯女士不知道如何處理賈斯汀，因為他一直從座位上站起來問問題。儘管她回答了他的問題，不過，她發現他真正想要的是別人的注意。她察覺到自己的情緒反應是煩躁，於是使用「錯誤行為目的表」（詳見第八十八頁），確認賈斯汀的錯誤行為目的是「過度尋求關注」。這份理解幫助她決定用什麼方式鼓勵他。她對他說：「我注意到你有很多的問題。我願意一天回答三個問題。每次我回答一個問題，就會舉起一根手指，如果我舉起了三根手指，就會等到明天再回答你的問題。你在問我之前，也可以自己先想想有沒有辦法解決。」透過這種方式，她引導賈斯汀停止尋求過度關注的行為，但還是以特殊信號給他一點特別的關注。

賈斯汀在星期一又故態復萌。亞當斯女士以溫和且堅定的態度徹底執行他們的協議，在回答過三個問題後就不再說話。到了星期二，他找她的次數比平常多了兩倍。（在孩子建立新的行為模式之前，通常會更努力地想得到跟以前一樣的回應。）亞當斯女士懷疑自己的做法是否有用，但她提醒自己，已經決定用一週的時間試試看。當賈斯汀抱怨她不能回答更多的問題時，她只是微笑地看著他，並舉起三根手指。到了星期四，賈斯汀只來找過她兩次，到了星期五，他說：「我想，我今天只有三個問題。下個星期也是。」

亞當斯女士鬆了一口氣。「賈斯汀，」她說：「只要你問的問題不是太多，我都很樂意回答。我注意到你開始可以自己找到答案。你真的做得很好。」

賈斯汀看到老師說到做到，並以溫和堅定的行動徹底執行，他也了解到自己選擇的行為與彼此尊重及合乎情況有關——他可以選擇問二十個問題，讓老師只回答三個問題，還是乾脆只問三個問題。他學會負責任，也學到自己有辦法找到一些問題的答案。老師給他最大的一個禮物是——藉由老師的以身作則，賈斯汀學到了如何尊重自己和他人。

## 8 以尊重的態度說「不」

你可以說「不」。但如果你從頭到尾只說「不」，這就會是問題。此外，還有老師認為，如果沒花力氣解釋，就沒有權利說「不」。

有一群六年級生今天表現得特別沒禮貌，他們問老師：「我們可以休息玩遊戲嗎？」「不行。」老師說。「為什麼？這不公平。史密斯老師就讓他們班這麼做。」

老師說：「注意看我的嘴巴。不行。」

「喔，拜託啦，放鬆一點嘛，妳太嚴肅了。」

「你們不清楚什麼叫做『不行』嗎？」

「好吧。妳一點都不好玩。我看我們只能先把功課做完。」

這位老師只是笑一笑。

有些人會認為這位老師這麼做是不尊重學生，因為她沒有解釋理由；然而，**真正不尊重學生的做法，是解釋他們其實已經知道的事**。這些學生知道自己應該做什麼，但他們在試圖逃避和推卸。這位老師以溫和且堅定的態度，避免落入權力爭奪的陷阱中，她不但尊重學生和自己，也對當下情況做了適當的處理。

## 9 對每個人一視同仁

老師經常會把問題歸咎到某個特定的學生身上。然而，要完全了解所有當事人的責任歸屬，是一件困難的事——你以為或相信自己有辦法做出公正的裁決，其實是不切實際的想法。如同下面的故事一般，你能採取最好的做法，是對所有學生一視同仁。

有幾位學生在別人用功時低聲說話。「同學，太吵了喔！」老師說。

有同學在說另一位同學的壞話。「我相信你們可以想出解決辦法。」老師說。

有同學搶走另一位同學的書，書裡夾的紙張飛得整個教室到處都是。「請把這些紙張撿起來，然後回去用功。」老師說。

這位老師並未指出特定同學的名字——她用通稱的方式，表示對大家一視同仁。假設有同學如此回應：「這不公平。我又沒做錯什麼。」或是「老師，不是我，是湯姆啦！」你只須回答：「我對於歸咎或是指責沒興趣，我只希望能解決問題。」

許多老師認為，把所有事情處理好是自己的責任，而且只有他們才有好點子。但事實上，你可以用另一種一視同仁的做法，就是請所有當事人一起想辦法，然後從旁觀察學生的創意。

某個班級的學生在爭吵誰能夠在休息時間玩球。老師說：「在你們想出如何玩球而不吵架的辦法之前，我會先把球收起來。一旦你們想出了辦法，讓我知道，到時你們可以再試試看。」剛開始學生抱怨連連，但過不了多久，三名男孩便宣布：「我們想到辦法了！我們會依照姓氏筆畫的多寡來輪流，筆畫少的人可以在週一、週三玩球，筆畫多的人可以在週二、週四玩球，週五是自由日。我們都同意這個做法。」

在這個例子中，如果學生又開始爭吵，老師只需要說：「再回去想辦法。你們輪流玩球的計畫好像行不通了。你們準備好再試一次時，讓我知道，那時我會再把球還給你們。」

## 10 積極暫停

我們有時會因為不同的原因，無法表現出最好的一面。《由內而外的教養》（*Parenting from the Inside Out*）的作者丹尼爾・席格（Daniel Siegel）稱此為「腦蓋打開」（Flipping Our Lids）模式——當人們盲目反應而不是理性回應時。席格醫師使用握緊的拳頭來表示大腦；四根手指覆蓋拇指的部分代表大腦皮層，是大腦唯一進行理性思考的地方。被握在拳頭裡的拇指代表中腦，過往的恐懼情緒——包括害怕自己不夠好，都儲存在這裡。這些關於恐懼的記憶會引發腦幹（由手掌到手腕的部分表示）——「戰鬥」、「逃跑」或「靜止不動」的反應。

「積極暫停」不同於「懲罰性的暫停」（也就是「罰站」）。當孩子被「罰站」時，大人通常會叫他們：「好好反省自己做錯的事。」**罰站讓孩子產生被責備、羞恥和被懲罰的感受。**

積極暫停不會責備或羞辱孩子。老師與學生一起創造出能夠幫助孩子冷靜、讓他們感覺好的空間，並同時傳授如何調節情緒的技巧。由於「暫停」經常讓人聯想到懲罰，你不妨**讓學生為這個空間取個特別的名字**，例如「超酷空間」、「暖心區」或是「夏威夷」。

此外，你與其送學生去積極暫停區，不如讓他們自己選擇去或不去。你可以為積極暫停區設定一個規則：**有需要時，就可以使用的空間**。或是由老師向學生提出這個選項：「現在什麼對你最有幫助？把它寫到班級會議的議程上，還是到『超酷空間』冷靜一下？」讓學生一起選擇、創造，並為這個空間命名，在此過程中，幫助他們產生參與感。

使用積極暫停來教導孩子寶貴的生活技能——**花時間冷靜，讓大腦有機會恢復理智**。對學生來說，這比懲罰和羞辱更具鼓勵和賦能的效果，並且給所有人一段冷靜期。

積極暫停之所以具有鼓勵性，是因為它讓學生有時間反思，並在自己準備好改變時再試一次。儘管懲罰暫停可以暫時停止學生的不當行為，但如果學生決定報復或是放棄，它的效果就只是短暫的。透過積極暫停，老師提醒了學生感受和行動是兩回事——有情緒是正常的，但要注意表達情緒的方法。人在感覺好時，才會做得更好；而**積極暫停具有幫助學生冷靜下來並恢復良好感受的效果**。

注重長期效果勝於短期控制的老師，都認識到積極暫停鼓勵學生的價值。老師的態度以及對學生的解說方式，是積極暫停能否發揮效果的關鍵。

與我們之前討論過的許多方法一樣，最重要的是讓學生一起參與。你可以和學生進行下列活動，一起創造出積極暫停的空間。

**活動名稱** 積極暫停

**活動目的**

✽讓學生和老師體驗到，暫停不是懲罰，它可以具有正向、鼓勵和賦能的效果。

**重點提示**

✽不知為何，有些老師認為「為了讓學生表現好，必須先讓他們對自己感覺很糟」。但事實上，不管是學生或老師，人只有在感覺好時，才能表現出最好的自己。

**活動步驟**

①請學生討論運動時稍作暫停的目的。（他們可能會說，喘口氣、重新編組、提出一項新策略等。）

②向學生說明，每個人偶爾都需要暫停，因為人難免會出現挑戰行為或是犯錯。有個地方讓我們整理情緒、冷靜一下，並決定接下來的行動，會相當地有幫助。向

學生說明，暫停並非為了懲罰，而是讓人冷靜直到恢復良好的感受。一旦他們恢復情緒後（學生可以自己決定時間），就可以再回來參與班上的活動。

③邀請學生設計積極暫停區。因為大多數的人都將暫停視為懲罰，為了改變學生的看法，請他們為這個地方命名。有些學生決定叫暫停區「超酷空間」，或是「暖心區」。

④請學生以六人為一組。發給每組一張空白海報紙和一支麥克筆。給學生五分鐘的時間進行腦力激盪，設計出一個可以幫助人恢復良好感受的地方。許多暫停區會放軟墊、書本和絨毛動物（也適用於高中生），並播放輕柔的音樂等。

⑤請學生把紙翻到另一面，繼續進行腦力激盪，寫下積極暫停的實施步驟。告訴他們，老師可能有的疑慮：「學生會不會為了想去那裡聽音樂，故意表現不佳？」或是「學生會不會一整天待在那裡玩玩具或是在豆袋椅上睡覺？」鼓勵學生在擬定步驟時，將這些擔憂納入考量。

⑥在五分鐘的腦力激盪過後，請每組大聲唸出他們的建議。請全班一起討論並擬定使用積極暫停區的計畫。擬定的計畫不但要能尊重每一個人，也要能幫助到真正有需要的人。

⑦與學生討論哪一種暫停（懲罰的，或是積極的），有助於激勵他們改變行為？為什麼？當他們被罰站時，心裡產生什麼樣的想法、感受和決定？當他們接受積極

暫停時，心裡又有什麼樣的想法、感受和決定？

**重點提示**

✲老師通常會擔心學生利用積極暫停去打盹、讀書，或是對著窗外發呆。如果你的學生真的濫用這個機制，便須注意另外的問題——爭奪權力、報復循環，或是自暴自棄。如果真是這樣，你需要依循第四章的「錯誤目的行為表」，詢問「什麼」、「為什麼」和「如何」的問題，或是透過班級會議來尋求幫助和解決方案。

在向學生說明過積極暫停的目的和使用辦法後，可以在他們出現問題時，提供學生這個選項。如果學生行為不當（對其他人不尊重），可以問他到積極暫停區是否有幫助。你可以提供學生幾種選擇，比方說，「現在對你最有幫助的會是什麼：積極暫停、選擇輪，還是把這個問題列入議程？」當積極暫停成為選項時，它會讓學生學會對自己負責。

## 積極暫停的夥伴

有些老師讓學生選擇一位傾聽的夥伴，陪他一起待在積極暫停區。在學生學會傾聽技巧後（詳見第一四二頁），尋找傾聽的夥伴，可當作積極暫停的步驟之一。這表示學生可以選擇一位願意陪他的朋友一起到積極暫停區，傾聽他分享眼前的問題或情況。傾聽的夥伴也可以安靜坐著安慰心情沮喪的同學——有人傾聽的分享，相當具有療癒效果。

## 給國中生與高中生的積極暫停

許多老師擔心年紀大的學生會濫用積極暫停，一整天無所事事地待在那裡——在學生共同參與創造積極暫停區、並擬定相關規則後，從未發生過這種情況。

某個高中班級將積極暫停區設計得像「夏威夷」，全班一起製作一幅有著海洋、沙灘和棕櫚樹的壁畫。有學生捐出兩張沙灘椅、一隻海豚抱枕，以及貝殼。

有些老師提供學生計時器，讓他自己設定恢復情緒所需的時間——大部分學生需要的積極暫停時間都不會超過十分鐘。有些老師允許學生要待多久就待多久，相信他們不會濫用這項特權。如果真的有人濫用了，這個問題就會被提到班級會議上討論，由全班一起找出解決方案。

人只有在感覺好的時候才會表現得好。我們不需要藉由懲罰性暫停（罰站），來讓學生感覺自己很糟糕，甚至以為這樣能讓他們做得更好。當你對學生說：「去罰站，對你所做的事進行反省。」——這對他並沒有任何幫助。相反地，如果你對學生說：「當你在積極暫停區時，做點能幫助你恢復情緒的事情吧，因為我知道，當你感覺好的時候，你會做得更好。」如此會對他有很大的幫助。順帶一提，老師有時也可以到積極暫停區享受一下喔！

## 11 踏出一小步

「踏出小一步」是一項重要的教室管理工具——邁向成功的道路要一次踏出一小步。如果你將目標訂得太大，要不是永遠不會開始，就是會因為沒有馬上達到目標而感到沮喪。我們討論過許多教室管理工具。

你可以將一份工具清單放在桌上方便參考。在這份清單上增加任何你可以用來鼓勵學生，並幫助他們學習重要生活技能的非懲罰性方法。

這些教室管理工具的重點在於，教導學生**錯誤是學習的機會**——學習獨立生活所需的生活技能，並培養歸屬感和自我價值，這樣一來，孩子就沒必要做些白費精力的事。

## 正向教養實例

在我教的一年級班上，我告訴孩子如何進行積極暫停，並請他們創造出一個專屬的空間——他們將這個空間命名為「舒適區」。班上有位學生無法好好控制憤怒的情緒。他的問題有很多層面——複雜的家庭環境、注意力不足過動症等。（在第一週上課期間，他曾推倒另一位同學，並對他大喊：「我要拿刀刺你的臉！」）

到了星期五，另一位老師來我們班上教「記憶力」課程。這位學生舉手發表過很多次意見，老師也叫了他很多次，但這位學生的手在課程結束時還舉在半空中。在這位老師離開教室後，我請他發言，他卻開始對我大吼大叫。我跟他說，我很願意與他談話，聽聽他想說什麼，但必須等他能以尊重的態度跟我說話才可以。就在我還想說點什麼時（幸好還沒說出口！），他站起來氣呼呼地走到教室後面，雙手拳頭緊握，用力地在身體兩側揮舞著：「你、讓、我、很、生、氣！」我突然很擔心他會氣得衝出教室，結果他居然去了「舒適區」！他在那裡待了五分鐘，然後自己決定再回到座位上，坐下來，舉起手。他看起來還是很生氣，甚至還大口喘著氣，但當我叫他的名字時，他可以用尊重的語氣告訴我，他很生氣另一位老師沒有叫他。我說我了解為什麼這讓他很生氣。我也請他分享想法，而他也照做了。耶！成功！

——希瑟．拉德，南加州，一年級教師

9
CHAPTER

# 孩子需要你的幫忙——以解決問題的態度面對校園霸凌

## 適時介入&探究原因，提高對霸凌的敏銳度

建立道德觀，
可以產生凝聚感，
這種將困境視為相互了解與進步，
而非蔑視他人的好處，
遠勝過任何可能的危險。

——魯道夫·德瑞克斯

每一週媒體上都會報導學校霸凌的新聞——儘管霸凌問題由來已久，但媒體仍持續給予高度關注。

針對父母、教職人員和學生進行「霸凌是什麼」的教育，是正在進行中的反霸凌努力。引發這一波反霸凌聲浪的是幾起嚴重的社會事件；在事件中，被人嘲笑或是受到懲罰的學生因此殺害了其他無辜的學生。許多學校開始實施反霸凌的計畫。有些學校採取懲罰性的問題解決模式，有些學校則以幫助學生建立自尊並感受自己的能力為目的。

## 什麼是霸凌？

丹．奧威斯（Dan Olweus），一位斯堪地那維亞研究霸凌的專家，將「**霸凌**」定義為：**不斷刻意地對沒有抵抗能力的人，做出惡劣或傷害的事情**。霸凌行為的用意在於傷害，其中存在著權力關係的不平等。根據奧威斯的研究，霸凌者是做錯的一方，受害者是無辜的一方。奧威斯認為，班級會議是一個有效防止霸凌的方法，但在他提出的計畫內，卻沒有包括任何關於如何舉行班級會議的說明。

**霸凌是霸凌者解決想像或真實存在問題的錯誤方法，這可能源自霸凌者長期處在自暴自棄情緒中的一種補償心理**。當一個人認為自己夠好，他不會有霸凌別人的需要；但當一個人認為自己不夠好，並試圖擺脫這種感覺時，霸凌就是他們可能選擇的方式。魯道夫．

德瑞克斯將此稱為：「為了自我膨脹，而打壓別人。」

「錯誤行為目的表」（詳見第八十八頁）讓我們了解到霸凌行為背後的目的。

## 霸凌行為背後的目的

### 尋求注意力和認同

有些霸凌者在用行為告訴你：看著我，你無法忽略我，我是最重要的。我們稱這種錯誤的行為目的是「過度尋求關注」。

### 為了獲得權力

有些霸凌者在用行為告訴你：你看我多麼有力量。我是老大，你會照我說的做。我可以讓你聽命行事，你阻止不了我。我們稱這種錯誤的行為目的是「爭奪權力」。

### 為了討回公道，或是報復別人對他造成的傷害

這種錯誤的行為目的是「報復」。這樣的行為在說：我受傷了，你要為此付出代價。我要讓你嘗嘗和我一樣的感覺。這樣才公平。艾瑞克・哈里斯（Eric Harris）是科倫拜校園槍擊事件的殺手之一，他在日記中寫了這麼一段話：「如果大家可以給我更多的稱讚，也許這一切都能避免*。」

*引自蘇珊娜・梅多斯（Susannah Meadows）的報導，〈存在於他們思想中的謀殺念頭：科倫拜槍擊犯給世人留下一條令人顫慄的線索〉，《新聞周刊》，2006年7月17日。

### ✲ 一種拒絕別人靠近的方法——霸凌者可以獨處

這聽起來或許很奇怪，但霸凌者的目的是想要獨處，對改善自己的行為不抱任何期望。他可能認為，不管我做什麼都做不好，那為什麼還要花力氣去嘗試？我們要再次強調：一個行為不當的孩子，是一個受挫的孩子。

## 三種關於霸凌的錯誤認知

### 孩子若不是從父母（或老師）身上模仿所作所為，不會學到霸凌

父母是孩子生活中第一個可以模仿的榜樣和權威人物，接下來則是老師。但我們須記住，塑造我們的，並非是在我們身上或周遭發生的事情，而是我們對這些事情所做的決定。如果在家庭中或學校裡出現攻擊行為，有些孩子親眼目睹之後，可能會決定有樣學樣；不過，另一些孩子卻可能做出完全不同的決定，認為這不是他喜歡的，並決定絕不傷害別人或以暴力相向。

有些孩子學會霸凌的管道不同，他們可能從媒體上，或是為了融入小團體而模仿同儕行為，也或許為了尋求安全感而成為幫派份子等。不論孩子是從哪個管道學會霸凌，當他們反覆練習後，就會愈來愈得心應手。因此，大人有必要教孩子以其他方式來解決問題，讓他們透過與他人互相尊重的方法，來獲得認同、權力、正義和技能。

## 一旦處理霸凌者，問題就消失了

如同其他的行為一樣，霸凌並非憑空出現的問題。在霸凌的情況裡，除了霸凌者之外，還有受害者，經常還會有旁觀者。每一方都受到影響，並以不同的方式牽涉其中。

在閱讀這一章的過程中，你也許已經在回想以前曾遇到的某個霸凌情境。如果你還沒機會回想，請現在花一點時間試試看。在你回想的這個霸凌情境中，你是霸凌者、受害者，還是旁觀者？你當時有什麼想法、感受和決定？你做了什麼？你當時期盼什麼？在霸凌情境中，每個人都會受到影響，只是方式不同。

### 如果你是霸凌者

你使用肢體暴力嗎？還是威脅、恐嚇或脅迫別人？你使用排斥或是羞辱的手段？你嘗試控制他人或是讓其他人彼此對抗？你從別人身上敲詐食物、金錢或是好處嗎？你在別人背後說壞話嗎？你針對某個人造謠嗎？你決定疏遠或排斥某個人嗎？

### 如果你是受害者

你是不是比霸凌者長得矮小或虛弱？你是不是不像霸凌者那麼受歡迎、有魅力？你是否在外型、宗教或文化上與眾不同？你是獨行俠嗎？什麼原因讓你成為被霸凌的目標？你有反擊回去嗎？如果沒有，為什麼不反擊？你有告訴任何人嗎？如果沒有，你為什麼不告訴其他人呢？

## 如果你是旁觀者

你是否慶幸自己不是被霸凌的人？你從中介入嗎？你跑去尋求幫助？你挺身力抗霸凌者？叫霸凌者停止？大笑？站在霸凌者那一邊？聽信謠言？說霸凌者的八卦？一起疏遠某個人？

過去數十年來，琳．洛特在諮商過程中聽過無數關於霸凌的故事，不管是受害者、霸凌者，還是旁觀者，這些人仍被當時的霸凌情境所困擾。大人在處理這些情況時，最重要的是，讓每一方都有機會面對事情發生的經過——最好是**一起面對**（後面有更多討論）。

## 大人必須糾正霸凌情況

許多家長和學校人員以同樣的方式處理孩子打架或霸凌事件，不自覺地為孩子進行受害與霸凌的訓練。這些大人會同時擔任法官、陪審團和執行官，判斷是誰引發問題，針對某個孩子進行處置，或是給這個孩子貼上麻煩製造者或霸凌者的標籤。大人不可能看到或了解在孩子之間發生的所有事情，所以他們經常會挑出長得最高、年紀最大的孩子，或是男孩子，為他貼上霸凌者的標籤，以維護他們認為無辜的受害者——他們完全沒注意到旁觀者。我們經常看到被以這種方式處理的孩子，滿腹委屈無處發洩，之後爆發出暴力和憤怒的行為——他們覺得被誤解、被針對，沒有發言權，也不被了解。

在正向教養中，我們告訴大家的是，**每個人都是問題的一部分，因此也應該成為解決**

**方案的一部分**。班級會議是實踐這個概念最好的方式；但就算沒有班級會議，所有涉及其中的人還是可以聚在一起，在關心和立場中立的大人陪伴下，把事情談清楚。

這個世界充滿霸凌者脅迫和傷害他人的歷史事件。我們想透過正向教養重寫這樣的歷史，一次從一個家庭、一間教室、一所學校開始，傳授聚焦於尊重、體諒、建立共識、找到解決方案，期望並幫助所有當事人成為解決方案的一部分。

在班級會議中，我們聽過孩子提出在終止霸凌行為之前，如何幫助同學感受歸屬感和自我價值的方法（針對表達友誼與關愛的方式進行腦力激盪）。我們也聽過旁觀者為自己的袖手旁觀而導致霸凌問題持續，感到悔恨、難過。孩子透過腦力激盪尋找解決方案，並在支持彼此對抗霸凌的方法上達成共識。我們也看過孩子對霸凌者表示同情，藉由角色扮演，進入霸凌者的世界，並想出給予支持的辦法。

二〇一二年，在一位年長的校車司機被霸凌的事件後，簡．尼爾森告訴一位報社記者：「傳統的懲罰方式，像是責備、羞辱、體罰、禁足等，都不會有效果。」她建議：「霸凌者的父母可以採取四個步驟，暫時將怒氣壓下，花時間在情感上跟行為不當的孩子進行連結，找到行為不當背後的信念，然後幫助孩子從自己的錯誤中學習與成長」，這也包括進行彌補*。當霸凌司機的孩子看到事情發生經過的錄影帶時，他們對自己的所作所為感到非常地難堪。他們試圖彌補，但這對許多有意懲罰霸凌者、讓他們嘗嘗後果的大人來說還不夠。

當簡發現自己的女兒跟著一群孩子拿柳丁砸停在路邊的車子時，她處理的方法很適合用來處理霸凌問題。她對女兒說：「我很抱歉聽到發生這樣的事情。請告訴我事情發生的經過。」「妳那時有什麼感受？」「妳覺得鄰居會有什麼感受？」「如果妳有一輛新車，但有人用柳丁砸它，妳會有什麼感覺？」在這一連串的問題後，是一個最大的問題：「妳認為我們可以如何解決這個問題？」簡的女兒完全靠自己得出這些結論：她必須親自向對方道歉、寫道歉信、花時間清洗鄰居的車子。**承擔自己行為的後果，終究能教導孩子尊重他人的重要性，這同時也是給他們的警告**。

正向教養教導大人必須灌輸孩子個人責任感，引導行為不當的孩子糾正自己的行為，並彌補行為所造成的損害。

正向教養不容許縱容和溺愛，也不贊成讓孩子自以為享有特權。而不去了解或探究霸凌者行為背後的原因就加以懲罰，只會導致這種行為在日後更常出現。

## 大人可以做什麼？

大人可以做的最重要的一件事是——**嚴肅地看待霸凌問題，並相信確有其事，孩子需要你的幫忙**。很多霸凌問題都是在大人不知情的狀況下發生的。

## 提高對霸凌問題的敏銳度

如果孩子不想去上學；直到回家才願意上廁所；要求你給零用錢，或是偷錢和食物（為了給霸凌者）；身體出現瘀傷；為了自衛而挾帶某種利器到學校等，都是孩子可能遭受霸凌的跡象。

## 大人的介入很重要

在霸凌情境中，不要單方面指責霸凌者、受害者，或是旁觀者，要對所有的孩子一視同仁。你可以召開班級會議、集會，進行「修復圈」（Restorative Justice Circle）＊，還是與所有的受害者、旁觀者、霸凌者，以及孩子的父母一起開會，讓每個人有機會表達想法並獲得傾聽；強調霸凌是學校無法接受的行為，一定要找到解決方案；提醒孩子，他們有在學校裡感到安全的權利。

---

＊雷內．林奇（Rene Lynch）對簡．尼爾森的引用，〈教養專家建議，不要懲罰霸凌校車司機的學生〉，《洛杉磯時報》，2012年6月12日，http：http://www.latimes.com/news/nation /nationnow/la-na-nn-dont-punish-kids-in-bullying-video-20120621,0,7205124.story。

＊「修復式正義」（Restorative Justice）的概念鼓勵「修和」與「寬恕」，提供加害人向被害人做出補償，恢復人性本質，回歸社會和諧的狀態。

## 傾聽孩子的心聲

你要傾聽每個牽涉其中的孩子，讓他們有機會表達想法。最好的解決辦法通常來自於孩子。不要低估孩子的創造力和解決問題的能力，他們通常會比大人更容易且更快速地想到解決方案。

## 提醒孩子與同學一起行動

令人驚訝的是，最簡單的解決方案通常最有效：提醒孩子記得和其他同學一起行動，安排成人志工在走廊、廁所和遊樂場巡邏——有時，光是有大人在場，就能減少霸凌事件發生的機率。你可以傳授孩子獨特的反擊方法，在他們受到威脅或恐嚇時使用——這聽起來或許有點天真，但當孩子對霸凌者說：「你講什麼樣的話，就代表你是什麼樣的人。」通常就會因此停止霸凌情況。請霸凌者一起玩球、吃三明治，或者做朋友，可以帶來奇蹟。

## 在班級會議上討論霸凌事件

你可以鼓勵孩子將霸凌事件提到班級會議上討論。如果不想指名道姓，孩子可以用「遊戲場上的欺負行為」或是「我的午餐被偷了」這種說法來取代——不指名道姓反而更容易得到解決方案。在特定情境下，忽視霸凌者也會是有效的辦法，因為這樣就不會助長他們的聲勢。在班級會議時聚焦於解決方案，對霸凌者會產生一種強力的效果。有些霸凌者試圖挽回面子，會說他們不知道自己在傷害別人，或說他們只是在開玩笑。不論如何，在班上同學分享對於霸凌的看法時，他們似乎感受得到一種力量，並因此產生改變的動力——尤其是當他們有機會選擇解決方案時。

## 參加校內外活動，擴展人際關係

一個對青少年孩子相當有用的辦法，是讓他們在校內或校外都有機會參加不同形式的團體，這樣他們永遠有獲得歸屬感的地方。鼓勵青少年孩子參加運動、舞蹈、武術、校外社團、戲劇演出等，結交不同類型的朋友，這樣一來，當學校同學排斥他時，他總有地方可去。萬一發生這種情形，知道自己還有其他朋友可以依靠，會給孩子帶來莫大的安慰。

## 注意：如果不是霸凌

大人在試圖「解決」問題時，經常容易過度熱心——他們有時會將其實是適齡的行為誤認為霸凌行為。幼兒園時期的孩童喜歡鬧脾氣是很正常的事：「你不能來參加我的生日派對。」我們也聽過六歲的孩子因為「性騷擾」，或是在遊戲場上的小打小鬧而被暫令停學——這些狀況並非霸凌或是性騷擾。年幼的孩子喜歡模仿他們在電視上或是從大人那裡看到的行為，但他們並不了解這些行為背後真正的含義。儘管如此，你還是可以利用這樣的機會教導孩子他們的行為會對別人造成影響，孩子也可藉此學習以適當的社交技能取代不尊重他人的行為。你可以將這類的行為問題提到班級會議上進行討論，這樣就算是年幼的孩子，也會開始學習討論哪些行為會傷害他人，並一起腦力激盪出解決方案——這些孩子需要的是技能，而不是標籤。

我們鼓勵各個年級的老師和學生一起進行一個名叫「查理」的活動。這是一項由蘇珊娜．史蜜塔（Suzanne Smitha）——學校諮商心理師和正向教養講師——所研發的活動，步驟簡單、快速，容易讓人產生共鳴。一旦你和學生一起進行過這項活動後，每當有霸凌問題出現時，你可以用這個活動作為範例。

**活動名稱** **查理**

**活動目的**

✲ 幫助學生了解不友善的行為和言語可能產生的結果，知道損害可以被彌補，卻無法完全被修復。

**活動步驟**

①在一大張白海報紙上畫出一個人的輪廓。告訴學生這個人的名字叫做「查理」。

②請學生分享曾經讓他們感覺受傷的言語或行為。每次有人說出或做出傷害的言語或行為時，就把紙張的一部分弄皺，直到最後只剩下一顆皺巴巴的紙球。

③請學生分享「查理」可能有的感受。他會想來上學嗎？在教室裡是否有人也有同樣的感受？

④現在請學生做出或說出可以幫助「查理」的事情。每當有學生提供鼓勵的言語和行動時，就撫平一部分的紙張，直到能夠再度看到「查理」完整的輪廓為止。提醒學生，即使「查理」接受了鼓勵，但皺褶依然存在。藉此教導學生在說話之前應先好好思考，了解說過的話很難收回，而且「皺褶」可能會存在很久。

⑤把「查理」掛在教室裡作為提醒，當學生忘記尊重彼此時，請他們看看「查理」滿是皺褶的身體。如果有學生感到難受，問他是否感覺自己像「查理」，以及什麼最能幫助他恢復情緒並做得更好。

**正向教養的主要任務是──提供一些技巧，以非懲罰性、相互尊重且有效的方式，處理不當的行為（包括霸凌）。**在班級會議上討論霸凌時，幫助學生專注於尋找非懲罰性的解決方案——了解事情發生的經過、原因，每個人在將來該怎麼做，以預防類似的情況再度發生，以及在有需要時如何進行彌補。

## + 正向教養實例

我剛學到正向教養的方法，也才剛開始在法國的學校裡運用。我從啟發性提問開始。在休息時，如果我們班上這群三到五歲的孩子有人打架的話，我會問他們：「問題是什麼？」

有一天，一名四歲的男孩弄壞了另一名孩子的沙堡。這兩名男孩告訴我問題是什麼，我反問他們是否能想到辦法解決這個問題。那個把沙堡弄壞的男孩說，他可以幫對方重新蓋一座沙堡，於是他們繼續開心地玩在一起了。

我也開始製作「選擇輪」。在學生出現問題或吵架時，我們會進行腦力激盪，想出解決問題的辦法。他們想出很多的點子，像是親臉頰、擁抱、一起跳舞、和老師談話等，但最棒的點子是——搔癢！如果他們打架，這是他們最喜歡的選項，而且總是有效。我自己會想得到這些辦法嗎？不可能！孩子在這方面真是創意十足、充滿活力——我對此印象深刻。

有個孩子在學校裡每天都會打人。我教導孩子如何進行腦力激盪，想出解決的辦法，而他們最後選擇的辦法是：告訴這個孩子，他們喜歡他。那一天稍晚，一個孩子過來跟我說：「納迪娜，我們告訴他『我們喜歡他』的這個辦法好像不太有用。」我很高興孩子知道可以繼續找辦法。我們進行另一次的腦力激盪，想出更多可以幫助這個孩子的做法。其他孩子決定借他一台很棒的玩具車，而這個方法奏效了！

——納迪娜．高汀，法國聖日耳曼昂萊聖母學院教師

## 正向教養實例

我發現與問題學生建立起情感連結，帶給我許多好處——我了解到導致學生出現不當行為背後的許多因素，像是缺乏自信、尋求注意力，以及找尋自我認同等。在學校內外感覺自己不夠聰明、不夠被愛的學生，會用其他方式來突顯自己。這些學生認為在教室裡製造干擾，是他們唯一能得到老師和同學注意力的方式。他們滋事生亂，認為自己就是這樣的人，並覺得學校裡其他人也這麼想。這些行為背後都潛藏著其他因素，這也跟學生對於老師和上學這件事是否有足夠的信任感有關。在近距離和這些學生接觸時，我讓他們感受到我會一直陪在他們身旁，由此降低學生出現不當行為的機會。我現在每天

都能以務實的策略處理學生的問題。這麼做的另一個好處是，幫助學生感受到自己的能力。我透過改變學生對於權威人物的負面看法，放棄無法產生長期效果的教學風格，進而有機會和學生建立起互信與深刻的連結。我感受到這股賦能的力量，工作時的壓力也變輕了，並更能享受與學生相處的時光。

——蘿莉貝·克瑙斯，賓州東賓州學區舒馬克小學五年級教師

10

CHAPTER

# 親師生合作，做功課不再是苦差事！

## 給孩子空間學習，發展主動性與負責任的態度

假如孩子在課業上表現欠佳，
老師和父母之間可能會出現一場拉鋸戰。
老師把學生難教的責任怪罪在父母身上，
並希望父母發揮影響力，
幫助改善孩子的學業成績或是行為舉止，
甚至，也會把輔導孩子課業
（尤其是家庭作業）的責任交給父母。
但是如果老師真的這麼做，
只會導致孩子的家庭關係不和諧，
並使孩子更加討厭學習。

——魯道夫．德瑞克斯

孩子的學校生活有哪一部分最讓父母感到困擾？如果你的答案是功課，那就答對了。從孩子第一次有家庭作業開始，這種困擾會一直出現在他們整個求學階段，甚至有時情況還會惡化到，需要家庭和學校以諮商、家教或嚴懲等強力手段，來阻止情況的惡化。有些父母甚至會因為無法在這個問題上達成協議，而落到離婚的下場。

為什麼做功課會變得這麼痛苦？老師在聯絡簿上給父母留言，都是出於善意。為什麼還有人會不認同家庭作業的目的：「家庭作業的目的在於加強學生的學習效果，幫助學生成為一名自主獨立的學習者，並培養出好的工作習慣。」如同許多其他好的想法一樣，這聽起來很棒。但真的是這樣嗎？

事實上，即使家庭作業的目的在幫助學生變得自動自發，許多父母還是會「微管理」孩子的功課。他們想要幫孩子把事情做好，不想和老師之間的關係出現問題；他們認為孩子成功與否是自己的責任——如果老師抱怨父母沒協助輔導孩子做功課時，就會強化這種想法。

可惜的是，家庭作業給孩子的感覺，與它企圖培養出孩子自動自發的習慣恰恰相反——它讓許多孩子認為，對父母和老師來說，功課和成績比自己更重要。這讓人覺得很挫折，因此有些孩子會選擇反擊回去（即使在過程中自己也會受挫）。孩子表現得不關心功課，或非得經過一番權力爭奪或報復循環後才願意做。當父母發現孩子沒有將完成好的作業交給老師時，他們會格外感到沮喪——顯然地，這些孩子以此表示：**你不能強迫我做事**。

讓做功課的問題更加惡化的是，孩子在放學後還要忙著數不清的課外活動。他們的父母通常有全職或兼職的工作，甚至有的是疲於奔命的單親父母。當今父母還必須找時間陪孩子做功課；如果家裡有超過一個以上的孩子在上學，情況就會變得更糟糕。如果老師之間沒有協調好給學生的功課量，六位老師加起來就可能讓孩子必須做到將近六個小時的功課。最糟糕的是，有些功課還一定要父母從旁協助才能完成。

只有在極少數的情況下，老師會和學生針對功課問題進行問題解決的步驟。在一般情況下，老師抱持的是「我最懂」的態度，讓做功課成為孩子通過某項科目的必要條件。有些孩子不做功課就能輕鬆通過考試，但他們仍會因為不做功課而被當掉，或是得到很差的成績。

**要解決由功課所引起的許多難題，和學生進行對話會有很大的幫助**。功課可以是師生之間合作解決問題的成果；在班級會議上討論與功課相關的問題將會是很好的練習。

有些功課會增加學習的豐富性，有些功課則為了讓學生擁有充實的學校生活而進行學習和反覆練習。我們並非建議取消功課，但我們認為**老師必須更意識到這個議題如何影響學生在教室外的生活**。

有些孩子在面對功課時倍感壓力，甚至為了不讓自己招惹麻煩或是成績退步，而放棄參加家庭活動；有些孩子也會因為課業壓力而出現身體不適的情況。在許多家庭裡，做功課時間充滿權力爭奪、淚水、威脅、拒絕，甚至撒謊：「我今天晚上沒有功課。」**當做功課只剩下掙扎，學習的樂趣也就消失了**。

二〇一二年，在法國有一群老師和父母進行了兩週抵制家庭作業的抗議，因為他們認為：「這是一個無用、無聊，並在學生之間造成不平等的東西。」他們還抱怨，現今做功課多半是父母而非孩子的責任，這在家庭裡引發親子之間無止境的戰爭。他們建議，如果學生需要額外的功課或練習，他們可以在學校做，而不是帶回家做*。

◇ ◇ ◇

有一對父母分享，在兒子剛上大學預備課程時，他們接到學校的一份通知——請父母不要插手孩子的功課。學校鼓勵父母放手，讓孩子自己想辦法把功課做完。學校保證老師會負責讓孩子在學校裡完成作業，並將透過輔導的方式培養他們的責任感。這對父母發現要放手不容易，但學校持續地鼓勵他們，認為這是給孩子很好的練習機會，孩子能藉此發展**主動性**與**負責任**的態度。由於父母和孩子舊習難改，這個新制度整整花了六個月才真正上了軌道。這個家庭因為家庭作業所產生的壓力終於消失了，這名孩子也學會對自己的功課負起完全的責任。

◇◇◇

另一家的媽媽分享，她的兒子不去學校上課，而是開始在網路上參加課程。他在白天完成所有的功課，而在下課後，盡情地享受和朋友、家人在一起的時間。家裡少了因為做功課所引起的壓力和爭吵，這和他之前在做功課上所感受到的麻煩——尤其是父母干涉的這個部分有很大的改變。

## 不干涉，給孩子更多空間學習

父母經常在功課問題和其他教養問題上干涉孩子，通常會發生的情況是：孩子因為沒有把功課做完，而在學校裡有了麻煩。老師會建議父母管教孩子，或是讓孩子因為在校的不當行為而嘗到「苦頭」。但這些都只是冠冕堂皇的藉口，目的是讓父母再次懲罰孩子，

＊〈法國父母抵制「無用」的家庭作業〉，法新社，2012年3月28日。

重複那些已經在學校接受過懲罰的行為——這就是干涉。

想像一下，如果孩子的父母反過來要求你，為了孩子在家裡沒有整理好自己的房間、幫忙做家事、沒有遵守承諾修剪草坪，以老師的身分來教訓孩子，或給他們嘗一點「苦頭」，你會作何感想。

父母和老師之間的溝通是一條雙向道——因為父母想知道孩子在學校裡的表現，所以老師會把孩子的情況告訴父母。再說，父母也不喜歡突然接到學校的通知單，很多例子是，學校還因此設立網站，讓父母可以每天在上面查看孩子的在校表現。（我們認識的一對父母，每天照三餐察看孩子。）這就好像父母以孩子的名義在上課。

干涉行為背後的假設是，孩子接受的懲罰愈多，他就愈有動力要做得更好。但所有的相關研究都顯示，懲罰並不會帶來人們所預期的效果；不過，有些父母仍堅信給孩子更多懲罰就會有效。然而，更多的懲罰不會更有效，卻會讓學生先後在學校及家庭接受到雙重的羞辱和懲罰。父母因此怪罪自己，要求自己改進，期望這樣能幫助孩子表現得更好——成功的責任再次被放在父母而非學生的身上，這也會造成親子關係的不和諧。

## 正向鼓勵，親師生共同解決問題

父母可以採取的一種不同做法是，給孩子鼓勵。老師只須向父母強調，他們和學生會在學校裡針對做功課的問題，找到彼此都能接受的解決方案。只要每個人都有機會表達意見，而大人也不會聯合起來對付學生，老師可以邀請父母參與共同解決問題。

有些老師甚至把做功課的議題放到班級會議上討論。如果學生可以表達意見並有選擇的話，他們會表現得更好——讓孩子決定哪三天做功課，會比告訴他們哪三天要做功課效果更好。

## 啟發性提問，孩子更願意合作

另一種做法是藉由啟發性提問來賦能學生。父母或老師可以問：「你的目標是什麼？一個好的學習如何幫助你達到目標？如果做功課是學習的一環，你要如何擬定完成功課的計畫，讓它幫助你達到目標？」我們要再次提醒你，如果你能以尊重的態度邀請孩子參與決定的過程，讓他們看到做功課的好處，他們將更有可能合作。

有些老師為學生量身訂做功課內容——有些孩子需要很多練習；有些孩子需要很多挑戰；有些孩子透過小考獲得學習成效，而非做功課。

當學生未完成功課時，老師可以制定自己的策略。

- 有些老師使用**首先**、**再來**的策略——首先做功課，再來休息。
- 有些老師建議學生在校內組成「家庭作業社團」，讓孩子有機會一起做功課，並在需要時得到輔導。

- 有些老師則在教室裡設置「**功課角**」，讓孩子在做功課時互相幫忙。
- 還有一些老師是讓年紀較大的學生擔任做功課的小老師。

一名十五歲的學生分享，老師建議她與另一名同學搭檔一起準備期末考。她說，自己並不會想找人一起用功讀書，因為總覺得不自在。然而，這兩名女孩互相激勵學習，最後都得到比以往更好的成績——她們一起用功的效果，比各自努力來得更好。

要讓學生有好的學業表現，學生、老師和父母不一定要承受痛苦。如果每個人能將感受歸屬感和自我價值看得跟學業成績一樣重要，對大家而言都是好的。如果每個人能練習相互尊重並共同解決問題，孩子們會做得更好。如果孩子對做功課產生了責任感，就能真正展開學習。

**要培養孩子的能力，必須讓他們學會自己負責，而不是期待父母讓孩子負責**——這並不意味著父母和老師不能輔導孩子做功課；當我們將焦點放在輔導孩子自我幫助時，每個人都是贏家。

## ＋正向教養實例

我所任教的是一所家長參與的學校，正向教養在這裡的重要性無庸置疑。在父母進入教室擔任志工老師，或是在學校擔任董事會成員、校務委員會成員時，正向教養就是我們共同的語言。在父母參與的學校裡，我們特別有這種共識——孩子很容易，困難的是父母。我曾目睹事情在彼此缺乏共通的正向語言時，會變得多麼糟糕。我們學校的教學夥伴不僅包括老師、學生，也包括家庭——家庭是學校能運作良好不可或缺的一部分。

我們運用兩個正向教養的原則——花時間訓練並告訴大人怎麼做，以及利用每月舉行的親職講座進行成人版的班級會議——為父母和老師創造出一個攜手並進的學習環境。在學校創造出正向教養的環境只是第一步。第二個要領是，持續為父母提供訓練機會，讓他們感受自己身為學校的一份子，有能力幫忙、貢獻和參與，而學校也需要他們共同參與創造給全校師生的積極學習環境。

透過父母的參與，我們為大多數傳統學校因為缺乏經費或人手而面臨的問題，找到了解決方法。我們的「父母力」充滿創意、熱情和續航力；我們專注於解決方案，找出把事情做好的辦法。這種正向教養的精神最終也會進入家庭生活中。學生整體的生活環境變得更好，整體的校園文化也同樣變得更好。

——凱西．川上，加州聖荷西市認證正向教養講師

11

CHAPTER

# 舉行班級會議的八個技巧（Ⅰ）

## 掌握訣竅、循序練習，達到最佳溝通效果

如果每個人都知道運用知識來造福全人類，
我們就有希望打造出天堂。

——魯道夫．德瑞克斯

關於班級會議的辯論，在許多老師和正向教養講師之間持續地進行。在光譜的一端是，第一天上課就開始舉行班級會議的老師，他們會透過「圍圈」的活動向學生介紹正向教養的觀念，並一步步地傳授各種技能。但在光譜的另一端，則有老師認為，班級會議要發揮最大的效果，必須先由老師在課堂上教導並使用正向教養的技巧，為學生打好基礎後才行。他們在此之前不會舉行班級會議*。

有些老師則認為，班級會議太過複雜，太花時間，甚至是不必要的。其他老師則相信，長期來看，班級會議會節省他們的時間，並且是幫助孩子成功學習學業與生活技能最好的方法。

理所當然地，我們贊成儘早使用班級會議，因為我們知道，只要他們學到相關的技能，並有機會每一天加以運用，孩子會很懂得給人鼓勵並主動解決問題。我們之所以有此偏見，是因為我們聽過許多老師分享班級會議所帶給他們的好處。

以下這個例子充分展現班級會議的奇妙之處。

法蘭克．梅德是加州薩克拉門托市學區一間小學的老師，那裡暴力橫行，學校清潔工時常得清理血跡。蓄意破壞公物的行為猖獗到警長每週都被叫來學校一趟。法蘭克坦承，每週日下午一點左右他就會開始胃痛——對於週一早上要回到學校感到害怕。就在此時，法蘭克決定嘗試班級會議——他是死馬當活馬醫，根本不抱什麼希望。他很懷疑平常那些愛搞破壞的學生可以從中學會合作與問題解決的技巧。不過，他很高興事實證明——他錯了。

我們從法蘭克身上學到，為班級會議建立充分的結構與秩序，讓學生相互尊重地參與其中的重要性。再者，法蘭克也能同時保持溫和且堅定的態度。

起初，法蘭克在圈圈中指定座位，藉此將坐在一起可能會起衝突的孩子分開；接著，他花時間教學生舉行班級會議的技巧。

法蘭克開始舉行班級會議的那一年，儘管學校裡因打架而遭暫令停學的學生有六十一人，但校長發現沒有任何一個學生來自法蘭克的班級。她也注意到法蘭克的學生更常來上課，在學業成績上也有所進步。在她參觀法蘭克的班級如何舉行班級會議時，她意識到這是一個極為有效的預防方法。她請法蘭克向全校老師說明如何進行班級會議。

接下來這一年，從一年級到六年級的所有老師，一週至少舉行四次班級會議。

---

＊在www.positivediscipline.org的網站上，由泰瑞莎・納莎拉（Teresa LaSala）、喬迪・麥菲提（Jody McVittie）和蘇珊娜・史密森（Suzanne Smitha）合寫的《正面管教學校講師指南：帶領學生做的互動活動》（*The manual Positive Discipline in the School and Classroom Teachers' Guide: Activities for Students*）裡還有更多活動，可以讓你在課堂上運用來教導學生正向教養的技巧。

安・普拉特，一位薩克拉門托市立大學的碩士生，在她的碩士論文中寫到，那一年該校只有四名學生因為打架遭暫令停學（相較於前一年的六十一名）；只有兩件蓄意破壞公物的行為（相較於前一年的二十四件）*。

◇ ◇ ◇

在另外的案例中，某所學校的牆壁經常遭到學生塗鴉，校方必須一直請人來重新粉刷。每次一面牆重新粉刷好了，孩子就會再次在上面塗鴉。有位老師建議向學生詢問是否有辦法解決這個問題。學生自己想出這樣的規定：如果有人塗鴉被抓到，其他學生會監督塗鴉的學生重新把牆粉刷好。毫無意外地，塗鴉的問題消失了。

這只是少數幾位老師使用班級會議的成功故事。如果老師願意教導學生寶貴的技能，老師的工作就會變得更簡單、更有趣。**協助學生感受歸屬感和自我價值，是老師能為學生做的最好的一件事**。班級會議是一個最強而有力且有效率的方法，讓學生知道他們的關注和貢獻是受重視的，而他們有能力創造不同，並透過參與產生歸屬感。

儘管舉行班級會議有時相當具有挑戰性，我們還是鼓勵你這麼做。找時間訓練學生是確保班級會議成功舉行最好的方式。只要你好好掌握本章和第十二章所探討的八個技巧，就能和學生一起創造出他們願意參與的班級會議。你已經教過學生解決問題、社會情懷、互相尊重、鼓勵與合作等技巧，這些技巧都能透過班級會議來加強並練習。

你將會需要三到四次的班級會議，以及兩個月左右的圍圈活動來介紹這八項技巧。學生不會在幾週內就學會社交和情感技能。他們每天都需要練習，就像他們每天要展開學業的學習一樣。如果你循序漸進地介紹這些技巧，學生比較不會因此感到焦慮，並能夠一次練習幾種技巧。第一步就是向學生介紹這八個技巧。

## 舉行班級會議的八個技巧

①圍圈
②練習致謝和感激
③尊重差異
④使用尊重的溝通技巧
⑤專注於解決方案
⑥角色扮演和腦力激盪
⑦使用議程和班級會議開會流程
⑧了解並運用四種錯誤行為目的

*安・羅德・普拉特（Ann Roeder Platt），《小學班級會議的效果》（*Efficacy of Class Meetings in Elementary Schools*，暫譯），加州州立大學碩士論文，1979年。

## 技巧①—圍圈

有些老師不想花太多時間進行圍圈活動；有些老師則因為這個活動需要學生搬動桌椅，而不覺得有可能做到。我們在許多教室裡看過孩子在短短一分鐘或更短的時間內，把桌子搬到教室兩側，並將椅子搬到教室中間圍成圈圈，之後再利用同樣的時間將教室恢復成原狀。

這項簡單的任務有一個好處——讓學生從中學到相互合作的技能。不過，**圍圈活動的主要優點是，它能創造出一種尊重的氛圍，讓每個人看到彼此，並以傳遞「說話棒」的方式，讓每個人有機會發表（或不發表）意見**。有些學生在一、兩次的嘗試後，就能掌握這些技巧；有些學生則需要更多的時間練習。你的學生或許已經能熟練地進行圍圈活動；如果不是，可以利用下列活動讓他們練習。

**活動名稱** 圍圈

**活動目的**

✽創造互相尊重的民主氛圍，讓每個人有平等的發言權和被傾聽的權利。

**重點提示**

✽要創造民主氛圍，最理想的方式是，讓圈中只有椅子，沒有任何桌子。這樣的安排可以讓每個人看見彼此；這也會提醒學生，班級會議是一種獨特且不同以往的學校活動。

**活動步驟**

①請用自己的方式說明這個活動的目的與重點。

②先決定學生要坐在地板上，還是椅子上。重要的是，你坐的高度要和他們一樣。在告訴學生圍圈的地點後，在黑板上寫下這些標題：「快速、安靜、安全」。

③詢問學生如何快速、安靜、安全地圍成圈，並將所有的想法寫在相對應的標題下。如果需要搬動桌椅，和學生討論如何做到上述三個原則。

④在學生進行腦力激盪後，一起檢視哪些做法不實際、不尊重，需要被刪除。在刪

除後，詢問有多少學生願意遵守其他規則。

⑤請學生猜測，遵守規則來圍圈需要多少時間。請一位志願者使用碼表計時。

⑥請學生開始圍圈，並看看總共花了多少時間。

⑦一旦他們圍好了圈，問：「有人在剛剛學到些什麼，可以讓我們在下次做得更好嗎？」鼓勵學生討論這個過程。在無意識的情況下，學生已經開始進行第一場討論，這會替未來的討論奠定好基礎。學生能從做中學，而不是靠老師說教——因為你給了他們參與其中的機會。

⑧請學生將教室恢復原狀，並看看他們是否能以更短的時間做好。讓自己放輕鬆，看看學生透過做事、討論和再嘗試可以學到多少東西。有些老師請學生持續練習，直到他們可以在六十秒或更短的時間內圍好圈。

## 替代方案①

一個圍圈活動的替代方案是略過步驟③~⑥，讓學生在沒有指示的情況下，自己安排如何圍好圈。使用這個方法的班級，通常會出現許多不同的圍圈方式。舉例來說，有班級將桌子排成正方形，學生則坐在桌子上；還有班級把所有的桌子疊放在教室一角，用椅子圍成圈；另外，也有班級將桌椅都推到教室後面，圍成圈，學生坐在地板上。

替代方案②

有些孩子需要更多指示，尤其是一開始的時候，所以老師可以自己擬定座位表，指定學生在圈裡的位置。是否採取這個做法，取決於你。

重點提示

✽不管你選擇哪一個方案，讓學生展現創意吧。如果他們第一次不成功，請他們討論失敗的原因，並繼續發想新的辦法。這是一個很好的機會，讓孩子知道犯錯沒關係，在經過檢討後，再次嘗試並從中學習。

✽重要的是，所有的學生、助教和老師都要坐在圈裡才能開始。如果全班決定要坐在地板上，老師也必須和學生一樣坐在地板上。

## 技巧②—練習致謝與感激

以正面的話語展開班級會議，能夠增強學生的歸屬感和自我價值感。學生和老師都喜歡聽到別人說自己的優點。既然人多數的孩子（以及一些大人）還不習慣給予和接受致謝，我們建議你利用第一次的班級會議（除非圍圈需要練習很多次）來教學生怎麼做。

教導致謝的一種方法，是請學生回想曾經被人致謝並引以為傲的時刻。學生可以在團體中輪流分享。

接著，請學生想出任何想感激別人的事。你可以舉例說明。也許學生想感激一位同學借他鉛筆，或幫助他寫功課。也許他們想要感激和自己玩遊戲、走路、或吃中餐的同學。學生很快就能了解，並想出他們想感激的事情。

中學生覺得「欣賞」和「認同」比「致謝」更適合——他們覺得「欣賞」和「認同」比較不尷尬。以下是一個教導致謝的活動。

**活動名稱** **練習致謝和感激**

**活動目的**

✽以正面話語展開班級會議，教導學生給予和接受致謝的重要生活技能。

**重點提示**

✽學生剛開始可能會感到不自在，認為向人致謝聽起來很蠢。但你要對這個過程有信心，給學生機會練習，他們的技巧會逐漸純熟，也能增進教室裡的融洽感。

**活動步驟**

①向學生說明，他們對給予和接受致謝可能會感覺奇怪，特別是當他們還不習慣時。以練習騎腳踏車作比喻。問學生：如果一開始學騎腳踏車時感覺奇怪，就停下來不騎了，他們能學會騎腳踏車嗎？

②給學生例子，什麼樣的致謝暗藏挖苦的意味，什麼樣的說法聽起來像致謝，但卻不具有鼓勵性質。舉例來說：「我想向你致謝——你願意跟我分享糖果，因為你平常很自私。」然後問：「這句致謝有什麼問題？」

③和學生一起練習以簡單的「謝謝」來接受致謝，讓致謝的人知道你聽到了。只要問學生：「在接受別人的幫助後，最有禮貌的回應是什麼？」學生都會知道答案是什麼。

④請每位學生想一件他們希望獲得致謝的事。給學生一到兩分鐘的時間回想。問學生：「有多少人想到自己值得被致謝的事？」請學生舉手。如果有學生想不起任何事情，問其他學生：「有誰注意到某某為其他人做的事情，還是他做了哪些改進，值得被致謝呢？」持續進行這個步驟，直到每個人都想到一件事為止。

⑤使用說話棒、豆袋或其他可以在圈圈裡傳遞的物品。告訴學生，當說話棒傳到他們手上時，他們可以分享自己希望被致謝的事情，然後把這個東西傳給左邊的人，請對方致謝。舉例來說，惠妮說她希望有人致謝她努力地不讓自己搶話。坐在她左邊的札克於是說：「我想要致謝惠妮，因為她很努力地不搶話。」惠妮回

應道：「謝謝你。」接著，扎克在分享完他想被人致謝的事情後，再把説話棒傳給左邊的同學。

⑥向學生説明，他們最終可以在沒人幫忙的情況下，很自然地找到可以用來致謝彼此的事情——這樣的致謝也會讓人感覺更真誠。這個活動只是為了幫助學生習慣給予和接受致謝。

## 額外的活動：給予、接受或跳過

①一旦學生習慣了給予和接受致謝，教導他們在未來可以給予、接受或跳過。向學生説明：「當你的手中握有説話棒時，你可以給予致謝，或是點一位舉手的同學來向你致謝，抑或是跳過。換句話説，你可以給予、接受或跳過。」

②再次在圈圈裡傳遞説話棒，來練習給予、接受或跳過。跳過的人太多嗎？那就把選擇侷限在給予和接受。

### 重點提示

✲我們參觀過許多練習給予、接受或跳過的班級。我們對「學生在需要人致謝時，主動請對方致謝並感到自在」這件事留下了深刻的印象。令人印象更深刻的是學生的回應——許多人舉手表示願意給需要的人致謝，甚至是給那些在進行班級會議之前沒有被好好致謝過的學生。

## 更多關於有效致謝的提示

有時候，學生因為過於喜歡這種注意力，所以花很多時間選擇可以向他們致謝的人。如果發生這種情形，把問題提到班級會議上，請孩子想出解決之道——他們通常都會想出好點子，像是限時三秒鐘。老師當然也可以訂下這樣的規則，但這不如學生自己想出解決方案那樣來得有效。

一開始學生多是欣賞彼此的穿著或外表——先讓學生這麼做，直到他們感到自在。接著告訴學生，你認為他們準備好進入下一個階段，並教導他們欣賞別人時，可以欣賞他們所做的事或達到的成就，而不單單只是他們的穿著或外表。

教導學生**致謝時要具體**。舉例來說，如果有學生說：「我想要致謝你當我的朋友。」這時，可以問：「他做了什麼，讓你知道他把你當朋友？」如果學生一時語塞，你可以舉例說明。「我想要致謝你陪我走路到學校。」如果有人說：「你很善良。」你可以建議這個學生說得更具體一點：「你很善良，因為——」，或是請這位學生舉出一件對方做過的好事。

如果學生沒辦法想出致謝的話，反過來提醒他們，如果要說批評和責備的話，似乎就容易得多。一名老師曾對全班說：「要負面很容易，但要正面就很困難，這樣不是很可惜嗎？在我們的生活中多聽到一點正面的話語不是更好嗎？讓我們持續地練習，直到它變得簡單為止。」

如果有人表面致謝，實則批評，那就請對方再試一次。如果那位利用致謝來挖苦人的同學無法想出其他的說法，就請全班一起幫忙設想——這為學生示範了幫助而非傷害的原則。

有一名小學老師藉由建議學生不要說出會讓人傷心的話，來幫助他們學習致謝。學生都能掌握這個概念，並回想起有人「讓他們傷心」時的感受。

學生在一開始可能會覺得不自在，或認為致謝很愚蠢。如果你繼續進行這個活動，給學生機會練習，他們的技巧會愈臻純熟，教室裡也會有更好的氣氛。許多定期舉行班級會議的老師跟我們分享，如果班級會議因為沒有議程而被取消時，學生會跟他們抱怨。這時，學生會建議：「至少我們可以進行致謝！」

有些老師反對練習致謝，是因為他們覺得這樣聽起來不真誠。請記得，我們所建議的活動只是為了練習，在學生學會給予和接受致謝的技巧後，這種尷尬感會消失，真誠感則會自然地浮現。

有些學生和老師總是以致謝作為班級會議的開場；其他人則厭倦了致謝，轉而以分享最喜歡的嗜好、最喜歡學校的哪個部分、最期待什麼事情、最愛的食物、最愛的動物等來作為暖身。

## 技巧③—尊重差異

學習尊重差異，不僅是班級會議的八個技巧之一，也是一種溝通技巧（詳見第六章）。當學生學會了解與尊重差異，他們會更容易與他人進行有意義的溝通。

在不了解個人邏輯的情況下，我們不可能了解對方的性格與行為。這聽起來或許令人感到驚訝，但沒有人會對同一件事或同一種情況，使用相同的眼光看待，或是得出相同的結論。你是否曾針對家裡發生過的事和兄弟姊妹進行過比對，並對於他們在同一件事情上，竟和你有完全不同的記憶感到驚訝？這就是個人邏輯——**個人對發生的事及其代表意義所下的獨特結論**。

許多成年人宣稱他們了解每個人都是不同的——想法不同，具有不同的觀點和目標。但在面對孩子時，老師卻顯然認為所有的孩子都是一樣的：要一樣地聽話、一樣地了解和接受老師訂的目標及說的話；而且，所有的孩子都要以一樣的方式——服從——來回應老師。

這個活動以有趣的方式鼓勵學生了解和尊重差異。（老師們也可以在教師會議時一起進行這項活動。它不只好玩，也能讓參與者更了解彼此。）

**活動名稱** 叢林在那裡！

**活動目的**

✽幫助學生了解，每個人都不一樣，具有不同的想法。

✽教導學生在建立團隊時，尊重每個人不同長處的重要性。

**所需材料**

✽獅子、老鷹、烏龜和變色龍的圖片（除了圖片以外，也可以使用絨毛動物，或是在紙上寫上這些動物的名稱。）

✽四張海報紙（在每張紙的最上面寫上上述四種動物之一的名稱，在紙張的下半部寫上其他三種動物的名稱。）

✽麥克筆

**活動步驟**

① 將四張海報紙分別掛在教室的不同角落。在每張海報紙旁邊放一支麥克筆。

② 向學生説明，這個遊戲將幫助我們了解每個人都不一樣，抱持的想法也不一樣。它將展示至少四種看事情的方式。

**我們為什麼想當烏龜**

我們為什麼不想當

**我們為什麼想當獅子**

我們為什麼不想當

**我們為什麼想當變色龍**

我們為什麼不想當

**我們為什麼想當老鷹**

我們為什麼不想當

③向學生提問：「有多少人認為事情不是對，就是錯？有多少人認為只有一種看事情的方式？有多少人以為只有自己不知道答案，所以不好意思舉手發問？」

④向學生展示四種動物的圖片。問學生：「如果有一天你可以當這四種動物其中的一種，你會想當哪一種？」一旦學生做好決定，請他們依照所選的動物分成四組。（如果其中一種動物沒有任何人選，為了方便活動進行，你可以請其他組的三名志願者選擇這種動物。之後你將有機會展示，不管選擇哪一種動物，我們都能在牠身上找到優點或缺點。）

⑤請這四組各自站到相對應的動物海報紙旁邊。

⑥請各組選出一位記錄者，寫下組員對這種動物所想到的全部特徵。請他們將這些特徵寫在海報紙的上半部。接著，請他們在海報紙的下半部，寫出其他三種未被選擇的動物的全部特徵。

⑦將這些海報紙並排地掛在牆上。各組派一位志願者，唸出想成為這種動物的全部理由。然後，請各組派出另一位志願者，唸出其他組不想成為他們所選的動物的全部理由。學生在這個過程中會大笑或評論，這時要提醒學生——他們有機會在每組報告過後分享自己的思考和想法。

## 重點提示

以下是來自幾個高中班級的一些反應。你可以用來指導學生。

✽在全部組別都發表過他們的理由後，跟學生一起討論他們從中學到的東西。（可能的答案包括：「每個人看事情的方式不一樣。」「從某個人的角度看來是壞事，從其他人的角度看來卻是好事。」「每個人都有優點和缺點。」）接著討論並指出，任何特質都可以是正面或負面，沒有任何方法是絕對正確的。

✽討論不同動物的特質各具有什麼優點。一旦學生學會溝通技巧並尊重本章所說的「個人邏輯」，他們會知道如何創造出尊重的氛圍，並讓班級會議有效地進行。第四章所探討的「四種錯誤行為目的」可以幫助學生（和老師）深入理解個人邏輯。

## 技巧④—使用尊重的溝通技巧

我們在第六章介紹過許多尊重的溝通技巧與活動。如果你還沒開始這麼做，可以回顧第六章，並進行該章所列出的活動，藉以教導學生溝通技巧。你也可以在班級會議上教導學生如何當一名好的傾聽者，並掌握輪流、清楚地表達自己等溝通技巧。

**活動名稱** **當個好的傾聽者**

① 請一位志願者分享有趣的經驗，比方說，他最愛的假期。請其他同學舉起手來揮舞——看起來像是想發言。

② 請所有人停止。與全班進行討論，邀請學生分享感受。詢問有多少人覺得揮手令人分心。

③ 請志願的同學繼續分享故事，但這一次每個人都要好好地傾聽。

④ 詢問志願的同學是否對這次的經驗感受不同。詢問其他同學對這次經驗的感受為何，以及他們從中學習到什麼。

每當學生在班級會議上沒有使用好的傾聽技巧時，問：「多少人認為自己有運用好的傾聽技巧？多少人認為沒有？」學生可以舉手回答。透過這個「啟發性提問」（詳見第一七四頁），學生會清楚發生了什麼事——你不須多說，問題自然就會消失。

活動名稱 **輪流**

活動目的

✲避免班上在進行討論或班級會議時，因為不良的傾聽技巧而產生的問題。

活動步驟

①選擇一項可以在學生之間傳遞的物品，像是：豆袋、玩具麥克風，或是說話棒。

②當學生拿到這項物品時，他可以說話、給建議，或是跳過。

重點提示

✲對於安靜或害羞的學生來說，手上有個象徵個人力量的實質物品，並讓他選擇是否發言，會相當具有賦能的效果。許多老師都觀察到，有些學生在班級會議上發言時，手中都需要握著東西。

③讓這項物品在圈圈裡進行兩次傳遞。第二次傳遞會給比較安靜的學生機會，讓他們在聽其他人發言時，也想想自己想說什麼。這也會增進腦力激盪（將在第十二章討論）的效率——一個已經發過言的學生，在聽其他人說話後，也許會想到新的點子。這個活動所花的時間不會像老師想的那麼多。

一開始，有些學生會比其他學生更需要指導。你在指導上可以採取啟發性提問的形式：「有多少人認為，輪流發言，並在其他人發言時專心傾聽，是很重要的一件事？有多少人希望全班同學能幫助彼此解決問題？有多少人認為，我們可以找到解決問題的方法，而不需要使用懲罰與羞辱？」事實上，當學生被詢問，而不是被告知，並有機會透過舉手來表達意見時，會讓他們更容易產生歸屬感和自主性。

## ✚正向教養實例

經過「正向教養講師班」兩天的培訓後，我在去年第一次使用了舉行班級會議的步驟。看到「學生自己做決定，並從中培養出領導力」這一點，令我感到非常興奮。我感覺班級會議真的幫助班上的每一位同學找到了適合自己的角色。我注意到整學年沒有拿過A或B的學生，在課堂上仍舊表現出滿滿的信心，相信他們能從其他同學身上得到幫助。班級會議真的幫助我們在教室裡建立起社群的意識，並且，它也讓每間教室多了一點自己的特色。

——茱莉亞・吉爾伯特，聖拉蒙谷聯合學區西班牙語老師

## 練習、練習、再練習

大多數老師都相信溝通技巧和學術技能一樣地重要，但卻很少有人每天為學生提供練習這些技巧的機會——班級會議是提供學生定期練習有效溝通技巧的好機會。親眼見證效果的老師說，他們很開心看到學生持續在學習過程中使用這些溝通技巧。

◇ ◇ ◇

本章說明了八個舉行班級會議技巧中的四個，另外四個技巧將在下一章進行說明。

12
CHAPTER

# 舉行班級會議的八個技巧（II）

## 掌握訣竅、循序練習，達到最佳溝通效果

關鍵在於分擔責任。
這是一個透過問題討論來進行思考，
並探索不同解決方案的過程。
分擔責任最好的方式是提問：
「我們可以怎麼做？」

——魯道夫・德瑞克斯

接下來談的這四種舉行班級會議的技巧，主要是以非懲罰性的方法來解決問題。要將這些技巧好好地傳授給學生，可能需要花上幾次班級會議的時間，但當你看到孩子解決問題的能力變得有多強時，你會感到所有花費的時間都是值得的。

## 技巧⑤—專注於解決方案

現在對我們來說，幫助學生專注於尋找解決方案，而非注重懲罰的效果，是再明確不過的事，不過，仍然有人無法明白個中的道理。學生在參加過以下這個活動後，通常能馬上掌握到專注於解決方案的概念。

**活動名稱** 解決方案VS邏輯後果

**活動目的**

✽幫助老師和學生體會專注於解決方案，而非重視懲罰後果的好處。

**重點提示**

✽邏輯後果經常遭到濫用。太多的老師和學生試著將懲罰偽裝成邏輯後果。有一個避免發生這類問題的方法是，專注於解決方案，而不是懲罰。

**活動步驟**

①在海報紙的左上方寫上「邏輯後果」這個標題。

②請學生假裝在議程上要討論兩名學生的遲到問題（小學：可以聚焦在休息時間晚進教室的問題；高中：可以討論早上遲到的問題。）請全班一起針對這個問題進行腦力激盪，想出各種可能的邏輯後果，並在「邏輯後果」的標題下方寫上所有的想法。

③在海報紙的右上方寫上「解決方案」這個標題。請學生忘記邏輯後果，腦力激盪出可以幫助同學準時進教室的解決方案。在「解決方案」的標題下方寫上所有的想法。

④討論這兩份清單。它們有何不同？哪一份清單看起來和感覺起來像是懲罰？哪一份清單更聚焦於過去而非展望未來？當學生進行「解決方案」的腦力激盪時，是否感受到與進行「邏輯後果」的腦力激盪時不同的能量？

⑤請兩名學生假裝他們是遲到的同學，請他們從兩份清單中選出可以幫助他們準時到校的辦法。他們會選擇哪一份清單？

⑥詢問學生，他們從這個活動中學到什麼。

以下是某個班級所想出的答案。第一份清單是學生以腦力激盪的方式，想出要讓遲到的學生接受的邏輯後果。第二份清單則是同一群學生停止設想邏輯後果，將注意力轉向幫助同學在未來可以準時上課的清單。

### ● 邏輯後果

- 叫他們把自己的名字寫在黑板上。
- 放學後留校，留校時間和遲到時間一樣。
- 扣除隔天的休息時間（依照遲到時間的長短）。
- 隔天不能休息。
- 由老師大聲地責備他們。

### ● 解決方案

- 有人在鐘響時，輕拍他們的肩膀提醒。
- 大家一起喊：「上課了！」
- 他們可以在上課鐘的旁邊玩遊戲。
- 選擇一位夥伴來提醒他們——進教室的時間到了。
- 請同學幫忙留意他們進教室的時間。
- 把鐘聲調大。

教導學生專注於解決方案的方法之一，是提醒他們 3R1H 原則：相關、尊重、合理和有幫助。（詳見第二章與第七章）

有時候，很重要的是**堅信這個過程，並讓學生犯錯—他們應該努力追求進步而不是完美。**舉例來說，某個班級決定，如果有學生把椅子往後翹，坐在兩隻椅腳上，他們必須在其餘的班級會議時間，到椅子後面站著——全班都同意這是有幫助的解決方案。

不過，這個問題很快地又回到議程上。他們認為有人站著很令人分心。他們也決定試試看，光靠討論是否能解決這個問題。答案是肯定的，因為學生不再把椅子往後翹。

## 保持信心

一旦你刪除懲罰性的選項，以溫和且堅定的解決方案來替代時，學生將能學會尊重他人與自己，並基於他們感受到的情感連結，而產生改變行為的動力。他們會因此獲得勇氣、信心，並學到有助於他們在社會上立足的生活技能。

## 技巧⑥—角色扮演與腦力激盪

在學會班級會議的前五項技能後，學生就可以開始學習角色扮演與腦力激盪。你可以選擇某個典型的問題，像是插隊或是侮辱，讓學生練習這些技能。提醒學生，在這次的會議上，學習角色扮演和腦力激盪比實際解決問題更為重要。

## ✚正向教養實例

我想分享我的同事布蘭琪．阿米高的故事。她教的是七歲大的孩子。他們班很吵，她花費很大的精力試著讓學生安靜。在和我一起上過正向教養的課程後，布蘭琪開始運用正向教養的技巧並舉行班級會議。她教書已經長達十八年，但她說第一次舉行班級會議的那天，是她整個教書生涯中最棒的一天。

其中，有一個議程討論學生在課堂上如何保持安靜。布蘭琪問學生，當她告訴他們要安靜時，他們有何感受。有學生說，他會想對她凶——布蘭琪說她了解他和其他同學，然後說明他們可以自由表達，不用怕被評判。最後學生決定，請她在一大張紙上，畫一張嘴巴，然後在上面打一個大×。如果他們太吵，她只需要給他們看看這張紙。

布蘭琪對學生提出的想法甚感驚喜，坦承如果是她自己，絕不會想到這個大嘴巴的點子！而它奏效了！在她拿出這張紙後，全班立刻安靜了下來。

——娜汀．戈丹，法國的正向教養合作夥伴

## 角色扮演的好處

✽它很有趣。大部分的孩子喜歡角色扮演，甚至想一玩再玩——特別是當他們有機會扮演老師時。

✽有助於學生增進對問題的認知和理解。

✽具有與冷靜期一樣的效果。當孩子從中得到樂趣後，角色扮演有助於消除怒氣。

**活動名稱** 角色扮演

**活動目的**

✽學習角色扮演的技巧，增加問題解決的效率。

**重點提示**

✽角色扮演，給學生機會站在他人的角度進行更深入的理解。這也會製造出一種趣味，幫助他們在腦力激盪時變得更積極。

**活動步驟**

①選擇某個問題，像是插隊、罵人，或是遲到。

②在你安排角色扮演之前，詢問有多少學生曾經玩過這個活動。說明角色扮演就像是演戲，學生可以在裡面扮演不同的人，一起來解決問題。

③請學生猜猜角色扮演有哪兩個祕密規則，這會是很有趣的暖身活動。問學生：「我有兩個關於角色扮演的祕密規則，誰想要猜猜看是什麼？」學生可能會提出各式各樣的猜測，像是「傾聽」、「輪流」、「照老師說的做」、「輕聲說話」。請認同學生提出的想法：「這些都是很棒的想法，我們都應該好好加以運用。不過，我說的兩個祕密規則是，首先要『誇張』，再來要『玩得盡興』！」

學生幾乎猜不到，會有一條規則規定他們要玩得盡興。透過這個猜謎遊戲，學生更能參與解決問題的過程，你也會了解到更多他們的想法。針對年紀較小的學生，你可以進一步說明「誇張」的意思。

**重點提示**

✲有些學生對社會的完美主義抱有迷思，你需要提醒他們不用擔心演技好不好的問題。向學生說明，角色扮演時之所以將行為誇張化，只是為了加強展現這個經驗，讓每個人更加理解。你可以提醒學生，角色扮演是一個互相學習和幫助的機會，並非對完美的測試。

④邀請學生一起設定角色扮演的情境。一起和學生想像並描述某個場景——細節盡量完整到讓每個人都知道如何扮演負責的角色。為了讓學生一起構想細節，老師可以問下列這些問題：發生了什麼？接著又發生了什麼？面對問題的人做了什麼？其他人做了什麼？每個人說了什麼？其他人做了什麼、說了什麼？

⑤一旦問題得到充分的描述，請全班一起想像自己是個電影導演。請學生決定需要多少演員來演出這個場景。在黑板上列出所有的角色。

⑥根據場景描述，設定每個角色需要說的對白和表演的動作。請志願的同學來進行演出。請在生活中遇到實際問題的學生（例如，侮辱人的同學）扮演相反的角色（被侮辱的同學），通常很有效果。你也可以選擇讓學生在觀眾席中看別人進行角色扮演，讓他們以此體驗生活中碰到的問題。

⑦請角色扮演的同學在圈圈中間演出，提醒他們演對演錯並不重要。請在生活中實際碰到問題（例如，侮辱人的同學）的學生先扮演相反的角色（被侮辱的同學）——這給了學生機會站在他人的立場著想。

**重點提示**

✲角色扮演不需要花太多的時間。有時候可能只需要一到兩分鐘。進行角色扮演的人，很快就能認同其所扮演的角色，並引發感受和想法。如果在第一次角色扮演後，需要更改任何細節以符合實際情況，便請學生再試一次。大多數的學生喜愛角色扮演，有時他們會要求一演再演——他們從不厭倦扮演老師，或看著老師假扮成一名學生。

⑧在角色扮演後，請同學分享他們在扮演角色時所產生的想法、感受、學到的東西，或所做的決定。

**重點提示**

✲在每次的角色扮演後，很重要的是讓學生表達想法，這樣能幫助他們對發生的事情有更深入的理解。舉例來說，如果老師在角色扮演時介入並處罰侮辱人的同學，這可能制止了行為，並看似解決了問題，但扮演被懲罰的學生可能會認為「我是個壞人」或「我等一下會報復」。當你詢問學生在角色扮演中學到什麼時，他們反而會學到責備和怪罪，而不是理解和解決問題。去處理他們的回應方式，可以幫助學生找到解決問題的方法，並產生有益且長期的效果。

有一天，兩名九年級的女學生在午餐室裡大吵了一架。其中一位女孩說另一位女孩在排隊領餐時戳她；另一名女孩則極力否認。在吃完午餐回教室的路上，兩個人都怒氣沖沖，甚至，被戳的那個女孩威脅說，要在放學後跟這個女孩徹底解決問題。

老師不確定該如何處理這個情況——她知道在討論問題前可以先給一段冷靜期，不過，她相信班級會議的效果，因此決定召開一次臨時會議。她不以致謝開場，而是建議同學針對剛剛在午餐室發生的事進行角色扮演。她請剛剛目睹事件經過的同學加以描述，以便進行角色扮演。

在聽著描述時，他們逐漸意識到，抱怨自己被戳的女孩根本怪錯人了——其實是她最好的朋友，站在被指控的女孩後面戳她的。

抱怨的女孩扮演「戳人者」，被指控的女孩扮演「被戳者」。很快地，教室裡的每個人都笑了起來，他們最後決定不需要進行腦力激盪來尋求解決辦法。

角色扮演可以幫助學生和老師從一個嶄新的角度看同一個情況。有時，就像這個案例一樣，他們會在其中發現幽默之處；有時，他們會發現一個表面上看起來好笑的情境，實際上並非如此。不論如何，角色扮演可提供有助於每個人綜觀全局的訊息。

還有一個例子是，某位女孩對某位男孩在餐廳裡對她丟食物感到生氣。她把這件事提到班級會議上討論。學生在角色扮演此一情境時，他們玩假裝丟食物玩得很開心。之後，老師請他們分享在這個過程中的想法、感受和決定。扮演丟食物的男孩說，這很有趣，而且每個人都將注意力放在他身上，讓他感覺很好。扮演被丟食物的女孩則感到生氣、難堪，不想再回到餐廳裡。扮演在餐廳裡的其他同學說，他們感覺又好玩、又嚇人。還有一些同學則害怕自己會惹麻煩，希望有大人可以介入。丟食物的人這下驚訝地發現，原來他嚇到了別人。

## 腦力激盪

在學生角色扮演完某個問題情境後，他們應該繼續進行腦力激盪——在最短的時間內，盡可能想出最多的解決辦法。在進行下列「腦力激盪」活動時，你可以使用與進行角色扮演時一樣的情境。這麼做的話，學生可以看到如何利用已掌握的訊息來尋找解決辦法。讓學生了解彼此的感受和決定，會提供他們在腦力激盪時可以利用的寶貴訊息。

**活動名稱** 腦力激盪

**活動目的**

✽在不做判斷和分析的情況下，彙整解決問題的想法。

**重點提示**

✽當學生知道自己的想法不會受到評判時，他們就不會害怕自己聽起來很蠢而打安全牌，反而更勇於貢獻想法。

**活動步驟**

①使用角色扮演過的問題情境（插隊、侮辱或遲到）。

②向學生說明，腦力激盪是一個鼓勵他們在短時間內盡可能提出最多想法和解決方案的過程。告訴他們，在腦力激盪時，他們可以先提出好笑或瘋狂的點子，為創意的發想進行暖身。好笑的點子經常會引出務實的想法。

③在黑板上或掛圖紙上寫下想法。不要對想法進行分析、討論或評判。只要寫下來，即使這些想法不見得可行——它們只是一些建議。每個想法都重要，所以要全部寫下來。

④當腦力激盪結束後，你可以列出一份可能作為解決方案的清單。如何處理學生建議的做法，請參考「選擇解決方案」（詳見第二五八頁）。

某些學生會利用腦力激盪的時間要笨或是搗蛋，想藉此尋求別人的注意力。如果你寫下他們的點子，不做評論或不動聲色，你就抵銷了他們的索求。在某一次的腦力激盪中，有個學生建議「對他們大叫」——但老師忽略這個建議，並未將它寫下來。這名學生繼續提出同樣的建議，並且說得愈來愈大聲，最後甚至讓班級會議中斷。如果老師可以馬上寫下她的建議，這名學生就會停止。

在另一次的腦力激盪中，某位學生建議把學生綁在椅子上。老師不作評論地寫下這個建議，並繼續收集其他的建議。這名學生看起來有點洩氣，因為他的建議沒有引起平常所獲得的負面關注。

魯道夫・德瑞克斯稱此為「不讓帆受風吹」（taking the sail out of their wind）。很多人以為這其實就是「滅熄他的風」（taking the wind out of their sail），但你可以這麼想：學生吹起了風（行為不當），試著對你挑釁（想鼓起你的帆）；而不讓帆受風吹，表示你不做反應。如果學生沒有得到平常的反應，他們通常就會停止不當的行為；當腦力激盪結束時，其他的學生決定刪除這項建議——因為它不尊重人。

一旦學生結束腦力激盪，你可以請他們從這份解決方案清單中刪除不尊重人的建議。另一個可能性是留著所有解決方案的建議，並看看會發生什麼——因為很少有學生會選擇不尊重人的建議。學生特別擅長於選擇對他們最有幫助的建議。

## 正向教養實例

我教的是一、二年級一起上課的綜合班。班級會議不斷地帶給我驚喜。學生通常會為討論過的議程決定適合的解決方案，不過，昨天班上有一名一年級的學生請全班一起討論問題，但他不想找到解決方案。這個問題是：年長孩子搶了年幼孩子的鏟子。

學生在圍圈傳遞說話棒時，我真正感受到「討論但不解決」的魔法。提出這個議程的學生原本希望引發其他同學報復的情緒，但有同學出面說明年長孩子的想法，以及他們需要拿鏟子來建蓋草皮堡壘。不過，其他同學繼續提出年長孩子霸佔蓋堡壘的資源（乾草、土塊、棍子）是不公平的。學生開始提出各式各樣的解決方案，包括年幼孩子可以疊疊樂搭出一座人類金字塔，一起拿到高掛在樹上的鏟子；另一個建議是跟負責指導的大人說。其他人則提出警告說，報復不會有效，因為它只會帶來更多的問題。

我坐在一旁聆聽學生的討論，對幼童在遊戲場上的感覺有了更深的理解。我很驚訝班上的同學可以針對這個問題進行如此全面且徹底的討論。他們提出許多我也想表達的重點，我很高興自己主要的任務是推動討論，評論時也盡量簡短。這個經驗讓我更相信班級會議以及我的學生。

——阿德里安·加西亞，加州聖克魯斯正向教養認證講師

## 選擇解決方案

以下是學生在針對丟食物問題進行角色扮演後，透過腦力激盪所擬出的一份清單：

1 丟食物的男孩可以道歉。
2 女孩可以回丟他食物。
3 老師應該喝止他們。
4 男孩應該被送去老師的辦公室。
5 女孩可以坐在其他地方。
6 女孩可以告訴餐廳督導員。
7 女孩可以說：「停止對我丟食物。」
8 女孩可以忽視他。

9 女孩可以戴上棒球捕手的手套。

老師請一位志願的同學幫忙大聲唸出所有的建議。接著，老師請提出問題的女孩選一個她最喜歡的建議。她選擇了第四個建議。老師詢問這是否能幫助她：「如果他有麻煩了，妳會感覺好一些嗎？」在思考了一會兒後，女孩問她是否能改變主意。她改為選擇第一個建議，請男孩道歉。於是老師問男孩，想在班級會議上道歉，還是之後再私下道歉。他同意現在道歉，並當場表達歉意了。老師接著問這名男孩，哪個建議對他最有幫助。他也說是道歉，因為他並非刻意惹女孩生氣。

這個範例表現出舉行班級會議的四個重要技巧：

1 大聲唸出建議，或讓一名學生唸。

2 請提出問題的學生選擇對他最有幫助的建議。如果還牽涉到其他學生，也邀請他選擇對自己最有幫助的建議。

3 詢問所有參與的同學：「這個建議如何能夠幫助你、全班或是另一個人？」

4 允許同學挑選時間（或日期），徹底執行所選擇的建議。

不管選擇的是哪一種解決方案，至少都要試行一週。如果它不奏效，任何同學都可以在班級會議上再次提出這個問題來討論。

有些老師擔心這種方法會讓學生避免為不當行為負責；然而，我們鼓勵老師對這個過程有信心。通常會發生的情況是，**行為問題消失了**——這豈不是比讓學生補償過往的不當行為來得重要。

## ● 行為問題消失的原因

- ✲ 一個尊重的討論，會幫助學生更理解自己的行為對他人的影響。
- ✲ 學生並未得到平常獲得的過度關注、贏得權力爭奪賽，或是報復成功。信不信由你，這些學生甚至會為了獲得以上所提的那些，而願意付出「受懲罰」這種小代價。
- ✲ 在受到老師和同學尊重的對待後，這些行為不當的學生會產生一種歸屬感和自我價值感——這通常足以改變引發最初不當行為的信念。
- ✲ 在其他同學試圖創造尊重的氛圍時，正向的同儕壓力也會產生效果。

**正向教養實例**

某幼幼班在班級會議中試圖解決在遊戲場上放置更多大輪胎的問題。當老師解釋說，學校沒有足夠的經費添購新的遊戲設備時，解決這個問題的討論便暫停了下來。這些老師請我幫忙。我在調查了一下經費情況後，到這個班上給他們一個預算範圍。我也留給他們一份附有十二到十五頁遊戲設備的目錄。老師將這份目錄放在清楚可見的地方，讓學生在休息時間翻閱。學生仔細閱讀了好幾天，最後他們選出想要添購的設備。（老師幫忙計算，確保購買金額在預算範圍內。）這些孩子為自己感到驕傲，知道自己有能力幫助學校，並有權利決定要如何運用經費。

——蒂娜・安舍，正向教養認證導師

## 為解決方案進行投票

如果討論的問題牽涉到全班，像是想要舉辦何種派對、如何安排休息時間、排隊問題、餐廳秩序等，投票就是一個適合用來選擇解決方案的方式。在大多數的情況下，最好能讓全班先達成共識，加強彼此的合作精神，進而創造雙贏的局面。在每個人都同意解決方案之前，先不投票，繼續進行討論（也許需要開幾次班級會議）。

讓學生選擇他們認為最有幫助的建議，讓他們學習負責並培養責任感。問他們：「這些建議如何幫助你、全班或是其他人？」鼓勵他們思考長期效果。**以角色扮演和腦力激盪來尋找解決方案，是寶貴的社交與生活技能，並且能改善孩子在教室裡和未來人際關係中的行為表現。**

## 有時討論就已足夠

有時要解決一個問題，不需要進行角色扮演和腦力激盪——可別低估討論的價值。討論問題可以讓學生有機會表達意見、分享感受並提供建議。**以尊重的態度積極參與討論，會比聽老師說教或聽同學指責，更能幫助學生學會如何傾聽**。學生的評論與建議有好有壞——他們說的通常都是你說過的話，只是他們全當作耳邊風。你可以選擇生氣並感到挫折，但你也可以選擇感激，因為學生傾聽彼此，並得出和你同樣的結論——或甚至是更好的結論。

## 技巧⑦ 使用議程和班級會議開會流程

告訴學生，你會準備一本記事本、剪貼板、黑板的一角或是議題箱，讓他們寫下班級會議的議程——這些是你們可以在班級會議中討論的事項。全班在這個過程中一起找尋可行的解決方案，並從中選出最有效的辦法。

如果有學生來找你抱怨另一名同學，你只要說：「這是我們可以在班級會議上討論的事情，除非你覺得還有其他可行的辦法。如果你願意將它提到班級會議上討論，你可以將它加入議程嗎？」這個方法有兩種功能：**節省時間**（你不需要處理每一個問題），**以及讓學生處理需要解決的問題**。

在班級會議中處理的都是事先放在議程上的問題——這會在討論問題前，提供學生一段冷靜期。將問題放到議程上，就能在進行問題討論之前，提供學生一些安慰。

當老師第一次舉行班級會議時，他們傾向用鞋盒來收集議程事項——匿名處理能減少報復的問題，因為沒有人知道哪個議程是誰提的。為了讓學生寫議程，有些老師會在星期一發綠色的紙張、星期二發藍色的紙張、星期三發黃色的紙張，以此類推，這樣在會議上就能依照時間順序來處理議題。

在一段時間之後，學生會完全理解班級會議的目的是為了幫助他們，而非傷害他們或帶給他們麻煩。讓學生知道一個人的名字出現在議程上，並不表示他就有了麻煩——學生最終會明白，這是一個很好的經驗。他們將不在意自己被提到公開的議程上進行討論。

有些老師請學生以匿名的方式將問題寫在議程上，這樣一來，他們就可以針對全體去設想解決方案。剛開始，這樣做很好；不過，學生很快就明白他們不會因為問題而惹上麻煩，甚至每個問題都是學習並幫助彼此的機會——這會強化他們負責任的態度。

老師和學生可以隨時隨地寫下想提出來討論的議程。如果學生在議程箱旁聚集、逗留，以至於對課程造成干擾，把這個問題（寫議程造成課程干擾）放到議程上，在班級會議中，讓學生指定寫議程的時間，像是休息時間或吃午餐之前。

有一名老師抱怨，她的「特教」學生總是急著想解決問題。許多學生在休息完畢、進教室後，顯得十分焦躁不安，立刻需要有人關注，讓他們冷靜下來。於是，她試著讓孩子在休息回來後把問題寫成議程。她說，看著孩子氣呼呼地走到議程簿旁，生氣地寫上他們的問題，然後得意而冷靜地離開時，真讓她哭笑不得。寫議程，本質上提供立即的滿足感——因為他們知道自己的問題會在之後被討論。

珍妮還在小學裡擔任顧問時，每當有老師問她該如何解決一個問題時，她的回答通常都是：「把它放到議程上，讓孩子想辦法。」而他們通常都能想出辦法！

將問題放到議程上，通常會在舉行班級會議討論之前，就先啟動問題解決的過程。到了真正開會時，學生通常會說：「這個問題已經解決了。」如果時機適當的話，問他們是否願意分享問題解決的過程。

## 班級會議的開會流程

在向學生介紹議程之後，以分享班級會議的開會方法，讓學生在特定的架構與秩序中運用所有學到的技能。把班級會議的開會流程做成一張大海報，放在教室裡顯眼的地方。

## 班級會議的流程

①致謝與感激
②追蹤後續發展
③討論議程（從中選出一個）
a. 分享感受，其他人專心傾聽
b. 討論問題，但不解決問題
c. 請全班一起幫忙解決問題
④未來的計畫（校外教學、派對、學習項目）

### ①致謝與感激

學生現在應該已經學會了這項技巧。根據第二一九頁的步驟⑤，在圍圈中再次傳遞「說話棒」。

### ②追蹤後續發展

花幾分鐘請學生分享之前選擇的解決方案是否奏效。學生有時候會說無效——這並非再次討論該問題的時候。問學生是否願意再將這個問題提到議程上，或試試其他解決問題的方法，像是選擇輪、和平桌，或是「四種解決問題的步驟」。

### ③討論議程

在討論議程時（根據排列順序），讓學生進行選擇。他們想：

a 分享感受，其他人專心傾聽？

b 討論問題，但不解決問題？

c 請全班一起幫忙解決問題？

學生們通常會選擇c，但同時也讓他們知道，在人們了解你的感受，或是透過討論增進對問題的認識後，問題有時就迎刃而解。

◇◇◇

有一位教八年級的老師，每天只有四十五分鐘的時間可以上課。她相當看重班級會議，堅持讓學生在課程最後的十分鐘舉行班級會議；但由於十分鐘的時間太短，無法同時「致謝」和「解決問題」，她每天在兩者之間進行切換。

學生嚼牙籤的問題讓這名老師感到很困擾。她試過說教、責罵和懇求，但學生們還是繼續嚼牙籤。最後，老師將這個問題放到議程上。當輪到她時，她選擇請全班一起解決問題。她說：「我知道這對你們來說不是問題，也不確定你們會不會停止。不過，這對我來說是個問題，我會感謝你們的幫忙。」

在第一天開會時，學生沒有想出解決辦法，第二天開會時也沒有。到了第三天（他們在討論這個問題時，跳過「讚美」），一名學生說：「你最近注意到有人嚼牙籤嗎？」老師想了一會，然後坦承說：「不，我沒有。」這名學生很聰明地總結：「那或許這個問題已經解決了。」老師所能說的就是：「謝謝你們每一個人。我真的很感謝你們的幫忙。」

在這個例子裡，即便老師請學生幫忙尋找解決辦法，但結果證明，討論本身就已經足夠了。當然，老師說這是她自己的問題，而非將問題怪罪在學生身上這點，也相當地有幫助。

### ④ 未來的計畫（校外教學、派對、學習項目）

一旦有愈多孩子參與計劃未來的活動，事情就會進行得愈順利。在圍圈裡傳遞兩次說話棒，讓孩子有充分的機會分享想法和感受。對學生清楚說明學校關於校外活動的要求，包括要有導護人員、時數限制、可以參與的活動範圍，以及其他規定等。

## 技巧⑧了解並使用「四種錯誤行為目的」

大多數學生很快就能理解「四種錯誤行為目的」，並因為認識到問題的癥結所在，而感到鬆了一口氣。如果你進行了第四章「四種錯誤行為目的」活動（詳見第九十八頁），教過學生四種錯誤的行為目的以及如何鼓勵的話，他們在角色扮演後，應該能自行辨識出問題源自於哪一種錯誤的行為目的。有些學校在每間教室裡張貼「錯誤行為目的表」，讓孩子能在同學身上辨識到挫折情緒，並很快地找到鼓勵對方的方式。

◇◇◇

你和學生現在已經學會了舉行班級會議的八個技巧。你有可能已經在課堂上使用過其中的幾項技巧，並從自己的經驗中認識到，這些社交和情感技能對於提升生活品質和課業學習的價值。

13
CHAPTER

# 班級會議Q&A

## 小學、中學到高中教師問題集

人無法避免犯錯，
在大多數情況下，
犯錯的人在犯錯後做的事情，
遠比錯誤本身來得重要。

——魯道夫・德瑞克斯

在進行班級會議的過程中，你可能會產生許多疑問。本章收集了一些由數百名老師提供的常見問題——有些問題來自小學老師，有些則來自中學和高中老師。即使不同年齡層的學生在發展上有所差異，但其中仍存在著許多的相似性。所有年級的老師都能在這些答案中找到解決問題的創意點子；請留意，這些答案都具有尊重與賦能的基本原則。多聽聽這些基於尊嚴與尊重原則所想出的解決方案，將能引發你找到同時賦予學生和自己能力的創意點子。

## 小學老師常見問題集

**Q 我如何避免學生在班級會議上有被羞辱的感覺？**

**A** 重要的是，你要引導學生遠離任何可能羞辱或傷害其他學生的建議。你可以試著對他們提出下列這些問題：

- 這對某某同學會有幫助嗎？
- 如果有人給你這個建議，你作何感受？
- 這是在羞辱人還是尊重人？
- 這是為了懲罰過去的行為，還是鼓勵未來行為的改變？

✽這個解決方案是否具有關聯性？是否尊重人？是否合理？

你可以等到學生提出所有的建議後，重新回顧這份清單，並請學生刪掉不尊重、沒有幫助，或是不可行的建議。

你也可以**讓有問題的學生選擇對他最有幫助的建議**，藉此避免發生羞辱和懲罰的情形——有時，學生確實會為自己選擇一個懲罰性的解決辦法。為了幫助他們跳脫懲罰心態，你可以問：「這方法能夠幫助你和鼓勵你嗎？」

另一種避免羞辱的辦法是**一般化，或以適用於全體的說法來討論問題，而非使用特定的名字或情況**。比方說，在開會時，有同學指控另一個同學偷東西。你可以這樣問：「一般來說，我們是否應該思考如何處理偷東西的問題，而不是試圖責怪某個人或進行逼供？」接著進行腦力激盪。

萬一發生羞辱的情況，另一種處理的方法是**重新引導**提問：「如果你是強尼，有多少人覺得自己受到幫忙？有多少人不覺得？」

在學生理解到幫助而非傷害或懲罰對方的概念後，就可減少使用一般化和重新引導。

**Q 當學生尋求幫忙時，你沒有提供協助，反而告訴他們將問題放到議程上，學生不會因此感到不滿嗎？**

**A** 事實上，大多數學生在把問題變成議程後，馬上就感到舒坦了。有些學生確實會感到不滿，因為他們沒有得到老師特別的關注；有些學生不滿，則是因為過去習慣於被照顧，而不是參與幫忙。雖說改變是好的，但要做到，有時還是很難。有些學生一開始會感到不滿。不過，一旦他們在班級會議上體驗過具鼓勵性的關注，並接受同學的幫忙（通常比老師來得有創意）後，就忘了自己的不滿了。

有一位二年級的學生向賓斯老師抱怨，在公車上坐在她後面的一些男孩會踢她的座位。在賓斯老師的建議下，這名女孩把問題提到議程上，並在班級會議上請全班一起想辦法。

第一個建議非常簡潔有力：「坐在他們後面。」另一個非常有創意但比較複雜的建議則是：「上車後，把書本放在一個座位上，然後坐到另一個座位上。當這些男孩坐到妳後面時，妳可以移到放書本的座位上。」還有許多其他的建議，但這位學生最後選擇，先觀察這些男孩坐在哪裡，然後坐到遠離他們的座位上。

**Q 一位學生一次開會可以提出幾個議程？**

**A** 把這個問題放在議程上詢問學生。某位老師規定學生每人每天只能寫兩到三個議程，但這個問題仍舊沒完沒了。有位老師將這個問題放到議程上後，學生自己決定每人每天只能提一個議程。自從他們進行討論並做好決定後，未再出現過問題。

**Q 如果學生不願意選擇解決方案時，怎麼辦？**

**A** 一個可能的解決辦法是，讓全班同學一起決定——如果班級會議的討論足以引發改變；如果不行，有問題的學生可以把問題放回議程上，再試一次。

還有另一個可能的辦法是，讓這位猶豫的同學花點時間思考一下，找到自己的解決方案，然後在隔天向全班回報。如果他還是不願意，問他是否願意選擇兩位同學在休息時間和他一起進行腦力激盪。一旦學生開始了解班級會議並非為了懲罰，他們就比較有意願選出真正有幫助的建議。一旦學生學會了解決問題的技巧，老師必須對學生找出解決方案的能力持續保持信心。

## 中學和高中老師常見問題集

**Q 如果在班級會議上，學生坐在好朋友旁邊，一起製造出很多干擾，是否可以讓他們分開坐？**

**A** 這個問題經常出現。伯克老師注意到，如果有好朋友坐在身邊，學生比較難保持尊重的態度。他試著對他們說教——說這樣不禮貌。在這個方法不見效之後，他決定讓他們分開坐。這些孩子因此討厭並拒絕參加班級會議。

伯克老師決定把這個問題提到議程上。在一次的班級會議上，他向學生提出下列問題，並得到以下的答案：

✼ 如果好朋友坐在一起，你們覺得會發生什麼問題？

⬇ 學生腦力激盪出可能出現的問題，像是說話、咯咯笑、傳紙條。

✼ 你對解決這個問題有何建議？

⬇ 這些學生同意要保持尊重，這樣他們可以享受和好朋友坐在一起的權利。

✼ 如果和好朋友坐在一起，有人破壞保持尊重的協議時，有什麼相關、尊重與合理的解決辦法？

⬇ 學生同意的解決方法是，在班級會議剩下來的時間裡，和好朋友分開坐。

可以想見，在學生積極參與解決問題後，問題才真正被解決。儘管學生得出的結論通常和老師原本說的一樣，但產生的效果卻完全不同。

**Q 六年級學生在開班級會議上是否還不夠成熟？我們班上的同學表現得很不成熟、會取笑彼此，有時還會惡言相向。**

A 從適齡發展的角度來看，六年級的學生開始更容易受到同儕的影響。他們想要表現得合群，所以一旦有人出現負面行為，可能就會產生連鎖效應。

學生有時會表現得不成熟，是因為老師在還沒有傳授開會技巧之前，就開始舉行班級會議。有位在進行班級會議上遇到困難的老師告訴學生，他犯了還沒傳授更多技巧就舉行班級會議的錯誤。在進行了兩個月的圍圈、傳授基本技巧、互相讚美後，學生終於能靜下來好好運用解決問題的技巧。

**Q 如果學生對互相致謝感到不自在或尷尬時，是否可以省略這個流程？**

A 我們認為「致謝」是十分必要的流程，並非可選項目。只要持續練習，學生和大人都能克服給予和接受致謝的尷尬期。不過，其他做法也是可以的，只要開場的活動正向，讓學生有辦法更了解彼此，而後就能對致謝感到自在。

還有另一個可能的做法是，詢問學生在課堂外的興趣、特殊嗜好，或其他個人資訊。有位老師擁有一本充滿鼓舞人心想法的特別的書，她將這本書拿到班級會議上進行傳閱，並讓每個學生以自己的方式回應上面的訊息。

有位高中老師教的是高等物理，他的學生被戲稱為「書呆」和「腦魔」。他告訴我們：「即使只做致謝的部分，開班級會議已經值得了。慢慢來，我們班的這些學生收到的負面批評已經夠多了；對有些人來說，班級會議中的致謝，是他們第一次在校園裡聽到對自己的正面評價。」

**Q 如何處理具有挖苦意味的致謝呢？**

**A** 你在處理具有挖苦意味的致謝時，可以說：「噢喔，這是一個致謝，還是一個議程呢？」另一種方法是，對這類的致謝進行問題引導：「你願意重新再說一次，讓這個致謝是你自己也會想聽到的致謝嗎？」

**Q 我是一位資源班老師，帶學生的時間很短。我沒時間開班級會議，該怎麼辦？**

**A** 如果發生問題時，你可以試著做兩件事。一是請一位志願者，將問題放到教室的議程上，並在之後告知你，他們腦力激盪出哪些解決問題的建議；二是當問題發生時，進行一個五分鐘的班級會議。如果學生和老師都很熟練班級會議的流程，簡短的會議可以在常態性的會議之外，用來處理特殊的情況。然而，如果老師和學生不熟悉開會流程，簡短的會議就不會有效果。

**Q 有時中學生和高中生在提出問題時，會感覺自己像是在「打小報告」。我該如何處理這個問題？**

**A** 向學生解釋，班級會議是留校察看和其他無效、懲罰性做法的替代方案。提醒學生，在一個把重點放在責備和懲罰，而非負責和解決的體制裡，對「提到別人造成的問題」這點感到猶豫，是很正常的反應。問學生：「有多少人願意把名字放在議程上，如果你知道事後會有人圍攻你或找你算帳？」然後問：「有多少人願意把名字放在議程上，如果你知道能從同學那裡得到具鼓勵性、賦能性，並具有高度價值的寶貴意見呢？」

**Q 我注意到有許多學生抱怨學校裡另一名老師不願意舉行班級會議。我該如何處理這個問題，不至於讓另一名老師感到難堪呢？**

**A** 如果學生抱怨有老師不願意以尊重他們的態度解決問題時，很重要的是，幫助學生負起該負的責任，並解決問題。提醒他們，改變他人是不可能的；我們只能改變自己。如果其他老師願意，他們可以來參與會議一起解決問題。

你可以採取的一個做法是，對全校老師進行正向教養的訓練，讓他們感受到正向教養的好處。提醒老師，人類要發展就需要學習，而學習本身絕不是一件容易的事。班級會議的終極目標，是讓學生能以尊重的態度討論事情並解決問題。常態性舉行班級會議的老師會發現，班上出現的管教問題變少，學生正向的學習動力則提升了。只要教職人員能夠事先進行過充分的訓練，他們就能更有效地舉行班級會議。

**Q 我真的需要議程嗎？**

**A** 是的。議程是一個強而有力且具象徵性的訊息，讓所有學生在給予和接受鼓勵及實際幫助的同時，有機會表達意見。議程也提供了秩序和結構。在衝突當下試圖解決問題的效果通常不好；議程提供學生一段冷靜期，並且，也避免老師介入。我們之前提到，在開會前發生問題時，可以請學生把問題寫在議程上。

**Q 如果學生選擇了不好的解決方案，該怎麼辦？**

**A** 如果全班同意某個解決方案，但之後發現是個錯誤，那麼，就在下次開會時再次提出進行討論，想出另一個解決方案。在某些情況裡，你可以說：「我沒辦法接受這個辦法。」但最好不要常說。相反地，讓孩子透過試行「不好」的建議（只要不是羞辱同學的建議），利用一天或一週的時間來進行學習，他們會自己發現這個建議合不合理或可不可行——學生因此會學到更多。另一個可能性是，對選出的解決方案進行角色扮演，讓同學有機會親身經歷，然後再詢問他們認為這個辦法是否會有幫助。

**Q 在高中階段，哪些議程最為常見？**

**A** 在高中階段，班級會議大多用來解決教室管理的問題。學生會珍惜這個可以提出建議並和老師一起想辦法解決問題的機會。最常見的議程包括：①座位安排；②週末的家庭作業；③放下工作不管（通常是由老師提出這個問題）；④講太多話；⑤在分組活動時，不注意聽老師說話；⑥浪費時間；⑦對他人不尊重。

問題本身並不是最重要的。「問題」只是提供學生在一個滋養勇氣與自信的賦能環境裡，發展解決問題技能的機會，並幫助他們在未來成為一名具建設性、懂得貢獻，並且快樂幸福的世界公民。你只要能記住這個長期的目標，就能度過舉行班級會議時可能出現的各種困難。你可能在某一週開會開得很糟糕，但在下一週卻開了一次很棒的會議。生活不都是如此嗎？這豈不是教孩子面對生活最有效的辦法嗎？

## Q&A問題的總結說明

接下來的內容來自一場在北卡羅來納州夏綠蒂市舉行的正向教養工作坊，與會者有將近五百名教師。這些內容節錄自工作坊，由一年級老師珍妮絲·魯特和四年級老師凱·羅傑針對「班級會議」所進行的回答。

**主持人**：今天，在我身邊的是兩位來自莎朗學校的老師。我邀請他們來跟我們分享一點經驗。

**珍妮絲**：我們在去年開始舉行班級會議，我一開始的反應是：「嗯，這是個很棒的想法，不過，應該不適用在一年級生身上。」我不認為他們知道如何致謝，更遑論解決問題了。我還是照做了，在學期一開始就進行了班級會議；到了十二月，我不禁要說：「這是我當老師以來，發生過最美好的事了，而這對學生也是。」

我想分享喜歡班級會議的一些理由。首先，有更多孩子會告訴你教室裡發生的事；再來，孩子有時候會更願意聽同學而非老師的話——孩子能用他們的語言和彼此溝通；大人沒辦法做得這麼好。我也喜歡透過班級會議培養學科技能。

**主持人**：我希望大家都聽到了。請再說一遍。

**珍妮絲**：學科技能。身為抄寫新手，學生喜歡寫議程，這幫助他們提升寫作技巧。我有學生一整天都輕聲細氣地說話，但在班級會議上卻振振有詞。也許，我喜歡班級會議最大的理由是——學生的行為改善了。

**主持人：**許多老師開始進行班級會議，就是為了幫助改善學生的紀律與行為問題——這是一個非常合理的理由。不過，行為改善只是附帶的效果，主要的好處還是，班級會議教導孩子「七種重要的觀念和技能」（詳見第一章）。這是幫助學生改善行為的基礎，不僅現在有用，更能讓他們終生受益。

**凱：**當我們學校的心理師遞給我一本正向教養的書，告訴我要使用班級會議時，我的第一個反應是：「喔，不！又是另一個我必須閱讀的計畫，而且不會有效。」我相信這裡沒有人的態度會像我那時那麼差勁，不過我還是決定試一試。在一個星期後，我完全信服了。

**主持人：**妳沒有經歷到一整個月的地獄生活？

**凱**（大笑）：不。我花了一週就知道班級會議有多棒！對我來說，它幫我處理好讓老師抓狂的麻煩小事。學生會跑來跟我說：「有人打我。」「有人碰我。」我會說：「把它放到議程上。」我們透過班級會議一起改善問題。我班上一個小老師開始介紹《羅伯特議事規則》*的想法。學生不僅學會解決問題的技巧，也學會學生自治的技巧——這是附帶的

*《羅伯特議事規則》（*Robert's Rules*）由美國將領亨利．馬丁．羅伯特針對美國國會的議事程序進行收集與改編，於1876年出版的手冊。

好處，與此同時，教室秩序也改善了。

**主持人**：我聽說在妳了解班級會議之前，妳曾經針對許多行為問題尋求心理諮商師的幫助。她告訴我妳現在都沒去找她了；當她問妳是否需要幫忙時，妳說孩子們現在可以一起解決問題。

**凱**：沒錯。

**主持人**：凱和珍妮絲現在會跟我一起回答來自不同學校老師的問題。

## Q 我們應該把規則張貼在教室裡嗎？如果是，應該是老師的規則、學生的規則，還是兩者共同的規則？

**凱**：在學期初，學生和我一起擬定在教室裡應該遵守的規則。我們的學校有校規，這已經張貼在教室裡了。這些校規是由學生議會制定的。

**主持人**：當妳請學生制定規則時，妳有什麼特別的發現嗎？

**珍妮絲**：我的學生制定的規則，其實跟大人會制定的規則差不多。

**主持人**：這真是太有趣了。我從未見過任何一間教室沒有張貼規則。但是，一般來說，這些規則都是由老師事先規定好的，所以學生沒有機會參與制定。我們發現，學生自己要不是想出同樣的規則，就是更嚴厲的規則；因為他們參與其中，所以你可以說這些規則是「我們決定的」，而不是「我決定的」。

## Q 幼兒園裡的班級會議也需要包括議程嗎？

**主持人：**某個團體到埃爾克格羅夫學區參觀 ACCEPT 計畫*時，我們有這麼一個經驗。他們在撰寫一份關於「做決定」的計畫書，他們認為二年級以下的孩子無法做決定。但是當他們參觀過我們的幼兒園和一年級的課堂後，他們完全改觀了。他們說：「我們必須回去重寫這份計畫。」許多幼兒園老師對於不用處理「告密」的議題都感到鬆了一口氣。他們只是說：「把這個問題放到議程上。」很快地，孩子就厭倦聽到老師說同樣的話，於是他們會請老師把問題直接放到議程上。有一半以上的例子是，當他們的名字出現在議程上時，他們已經不記得問題是什麼了。

在幼兒園或一年級階段，忘記問題是可以的，因為一旦他們有機會冷靜，問題本身是什麼真的不重要。但是，如果你不想讓他們忘記太多發生過的問題，或擔心他們沒有機會練習解決問題的技能，便可以稍作提醒。

*ACCEPT計畫（Adlerian Counseling Concepts for Encouraging Parents and Teachers，用以鼓勵父母和老師的阿德勒式諮商法）是由簡・尼爾森主持的聯邦基金項目。它通過培訓孩子生活中重要的成年人（父母和教師）採行阿德勒與德瑞克斯的教養法，與孩子一起改善行為。老師的培訓重點在於使用班級會議；父母則參加父母閱讀小組。經過三年的發展，該計畫成果堪稱典範，並獲得了三年的推廣經費。在這三年期間，全加州的學區使用收養經費培訓學校職員和家長。

**Q 如果致謝變得單調，該怎麼辦？舉例來說，「我想向你致謝，因為你是我的朋友」，或是每天都向同一個人致謝。**

**珍妮絲**：我做過幾件事來改善這個問題。在今年初，學生的致謝開始變得沒有新意。所以，有一天，我不進行致謝，而是說：「今天我們要告訴每個人我們在努力做的一件事。」學生開始在教室裡跑來跑去，找出一些他們正在做的精采的東西——不管是他們寫的書法，還是講話講得比較少；其他學生現在有了具體的事情可以致謝。我不需要經常這麼做，但有時發現這是必要的。

**凱**：我發現在高年級的班級裡，致謝通常不會像低年級的班級那樣變得單調。學生開始轉向學業上的成績和社交技能來進行致謝。我發現讓學生兩兩一組很有幫助；當他們兩人一組時，可以清楚看到對方在做的事情。

**主持人**：讓我看看我的理解對不對。他們有夥伴，然後他們可以在夥伴身上找到可以致謝的地方？妳會讓學生換夥伴嗎？

**凱**：喔，當然！他們會把請求寫在紙條上給我，每個星期二是換夥伴日！

**主持人**：這是一個很棒的想法！這也回答了如果他們總是向同一個人致謝的問題。這真的很好。我還沒聽過這種做法。我聽過的是，有老師讓學生在一週的時間裡，每天從帽子裡抽出一個名字。但是我更喜歡這個想法——他們會和對方坐在一起一段時間嗎？

**凱：**他們會坐在一起一週。

**主持人：**另一種做法是，讓致謝的方式先單調一陣子，因為學生正在學習技巧。等他們對於說「我想要向他致謝，因為他是我的朋友」感到自在後，老師可以開始教學生其他的致謝方式。在這一點上，很有用的是去看看其他人做了什麼——他們的行動。舉例來說，他們做了什麼來展現友誼？他們做了什麼特別的事，是你想提出感謝的？

## Q 一年級學生似乎只能提出他們聽過的建議。我們要如何幫助一年級生發展更多合適的建議呢？他們在發展上準備好設想解決方案了嗎？

**珍妮絲：**在我帶的一年級班上，我通常只會提出四種解決問題的建議，我們只會討論這些。

**主持人：**因為你們班同學提出太多建議，所以你需要限縮到四個嗎？

**珍妮絲：**是的，可以這麼說，而且這也在他們可以處理的能力範圍內。我們會討論這些解決方案是否合適，它們是否能幫助人。不同的學生會提出相同的建議，不過，只要你開始這個流程，會收集到很多的建議，你也會看到他們逐漸發展解決問題的技巧。

**主持人：**你表現耐心的方式是給學生時間。一開始老師可能會想提出一些建議，但當你學會保持安靜，相信這個程序，學生就會發現自己能做出好的判斷，並有好的想法。

我發現四年級的學生可以在家庭會議上提出很棒的解決方案和想法——我們只是沒有給他們足夠的時間練習，並相信他們能想出好點子；我們太習慣告知而非詢問孩子。

## Q 我們如何不讓班級會議演變成告密大會？很多孩子喜歡在會議中得到關注。

主持人：一個可能的做法是，改變我們對「告密」的觀感——我們看來是告密的事，可能是真正困擾著學生的問題。如果我們不將他們在意的事視為打小報告，而當作一個練習解決問題的機會，我們會對所謂的「告密」改觀。一般來說，「告密」意味著「我要你懲罰他們」，而不是「這影響到我了，我們可以解決這個問題嗎？」有時老師對學生所提的議題過度謹慎。

## Q 如果相同的問題一再出現，我該怎麼做？

主持人：老師有時會決定：「嗯，我們已經討論過這類問題了，所以不要再討論。」這就失去了舉行班級會議的意義。比利打了珍妮的問題，與迪克打了蘇西的問題不同。你只須讓學生聚焦在找尋解決之道上。他們可能會想出與之前相同或不同的辦法；但重點是，他們感覺被傾聽、被認真對待，並且運用了所學的技能。只要是影響到學生的問題，就讓他們繼續尋找解決之道。

**凱**：我也發現學生會針對不同人提供不同的解決方案——因為對某個人有效的辦法，不見得對其他人也有效。我的學生通常會先看看是誰有問題，而不是關注問題本身，或是說「我們已經討論過這個問題了。」他們會專注於什麼辦法對當事人最有幫助。

**主持人**：我很高興你這麼說。這真是非常重要的一點！每個人都是獨特的；每個人都是獨立的個體。對一個人有效的辦法，不見得對其他人也有效。學生在班級會議上學到的事情之一，就是每個人的想法不同、感受不同，也會有不同的主意——每個人都不一樣。所以，我們要開始學習尊重差異（詳見第六章）。

## Q 針對有嚴重紀律問題及有特殊需求的孩子，有什麼其他規定嗎？

**A** 在我舉行班級會議的兩年期間，每當遇到紀律問題，我就在會議中進行處理。很幸運地，自從我開始舉行班級會議後，沒再遇到任何嚴重的問題。

**主持人**：妳認為在妳舉行班級會議之前，有過嚴重的問題嗎？

**凱**：是的。我很確定，如果沒有舉行班級會議，我現在還繼續會有問題——這是班級會議讓我感到興奮的一個原因。在學生的幫助下，我們在教室裡就能解決大部分的事情。

**珍妮絲**：我的情況也相同。我認為身為老師，有些事不得不做。如果面對的是嚴重的紀律問題，你可能必須將孩子轉介到適當的管道。即使你舉行班級會議來解決大部分的問題，這還是必須採取的處理方式。

**主持人**：我只想針對這點說幾句話。我想告訴你們兩個故事。一個是關於一位二年級生，我稱為史蒂夫的男孩。因為史蒂夫是被收養的，老師尋求「培育青年辦事處」的協助，當時我在那裡工作。老師認為史蒂夫有「嚴重的紀律問題」；同學們則抱怨他做的所有事情。不論行為的嚴重程度為何，我強烈相信班級會議能發揮作用。我知道幫助這個孩子最好的辦法，是透過班級會議，但這名老師不知道如何進行。我想，好吧，就來個一石二鳥。我們幫助這個孩子，也教會這個老師班級會議的開會流程。

我到這個班上去展示如何進行班級會議。班級會議的規則之一是，如果一個孩子不在，你通常就不會談論他。一旦你學會班級會議可以透過正向、幫助人、鼓勵人且賦予人能力的方式進行後，孩子就會產生安全感，可以一起討論各式各樣的話題。不過，在這個案例中，我知道這些孩子尚未學會如何幫助彼此。我知道他們還是具有圍攻和懲罰的心態，所以我們請史蒂夫先離開教室。

我問孩子的第一件事是：「你們和史蒂夫之間存在著什麼樣的問題？」他們提出很多的抱怨。我再問：「你們知道為什麼史蒂夫會做這些事嗎？」他們說：「因為他是霸凌者。因為他很壞。」最後，一名小孩說：「也許因為他是個養子。」我說：「你知道身為養子是什麼感覺嗎？」他們說：「呃，你沒有家庭。你沒有和你一樣的鄰居。」他們開始感到同情。

我接著說：「有多少人願意幫助史蒂夫？」每隻手都舉了起來。我說：「好的，你們可以做什麼來幫助史蒂夫？」他們在黑板上列出一長串的清單：在休息時跟他玩；陪他走路上學、回家；和他共進午餐；跟他一起做功課。然後我說：「好，誰願意做其中的一項？」我在每個建議旁寫下特定學生的名字。

之後我與史蒂夫談話。「史蒂夫，我們討論了一些你在班上造成的問題。你認為有多少同學願意幫你？」他說：「應該沒有人吧！」我說：「全班同學！」他不可置信地說：「全班同學？」他不敢相信。

我想問你們一個問題。當全班同學改變對史蒂夫的觀點，並決定幫助他之後，史蒂夫的行為也會改變嗎？我可以向你保證，史蒂夫的行為有了一百八十度的大轉變。當你幫助孩子理解，並進入助人模式而非傷害模式後，這將帶來很大的不同。孩子可以做到任何老師、養父母、校長或顧問做不到的事。這些孩子在自己能幫忙的事情上，展現出十足的力量。

另一個故事是我參訪加州聖貝納迪諾的班級會議時發生的事，我叫這名小男孩為菲利浦。在我參訪時，這個班級正在討論四件事，其中三件都跟菲利浦有關。我問他：「你覺得同學在幫助你嗎？」他微笑地說：「是的，他們在幫助我。」之後老師告訴我：「菲利浦是班上行為問題最多的學生，但是其他孩子都在努力幫助他，而不是把錯推到他身上。」

你注意到了嗎？每個班級至少有一個行為問題的學生。哪一位老師的班上沒有行為問題的學生？你注意到了嗎？如果這個問題學生剛好不在，總是會有人填補他或她的位置？通常都會有一個孩子決定以這種方式展現「特別」。這名老師說：「我喜歡的部分是，即使菲利浦還是大多數問題的來源，但其他孩子會想辦法盡力地幫助他——他們真的盡力幫他，而不是一直圍攻他、傷害他、貶低他。」

## Q 我們如何引導學生想出合適的解決方案？

**珍妮絲：**我認為你就是要跟他們一起把事情想清楚。我最喜歡舉的例子是，一個總喜歡把東西放進嘴巴裡的小男孩的故事。有人將這件事寫進議程裡，因為這並不安全：他可能會噎到。一名學生說：「嗯，你應該把他的色卡變成紫色。」那時我採行色卡制度，如果他們拿到紫色卡，就表示要去見校長。但是另一名學生說：「不過，這不會幫助他，因為即使他去見了校長，還是會一直把東西放進嘴巴裡。他還是有可能會噎到。」他們真的把事情想清楚了。

**主持人：**因為你問的問題是「這將會如何幫助他？」

**凱**：四年級學生的情況也是一樣的。很多時候，我會問他們：「這合理嗎？與問題相關嗎？」他們會回頭想，然後說：「嗯，其中一個解決方案是不相關的。」他們會討論哪一個選項不相關，然後把它們從清單上刪掉。因此他們在選擇解決方案之前，真的經過了仔細的思考。

我也發現，當問題第一次出現在議程上時，學生的解決辦法通常是停止問題行為。一般來說，這就能解決問題了。他們需要知道的是，這個問題對他們其中一位同學造成了困擾。對學生來說，很重要的是得到同儕的認同。如果他們知道同學對一些事情不滿意，他們在大多數情況下都會說：「我會停止。」而他們也真的會停止問題行為。

**主持人**：換句話說，有時光是討論就夠了。我真的想再次強調這點。我們經常太專注在後果或解決方案上，而沒有意識到讓孩子討論的效果。在討論之後，你可以說：「好，如果這個問題再次發生，我們就把它提到議程上。」但你可能會驚訝地發現，這個問題沒再發生過。

提出「這會有幫助嗎？」的問題，是教導孩子考慮長期效果的有效做法，它也會讓孩子留下「我們是來幫助彼此，而非傷害彼此」的強烈印象。有時你可以問這些問題：「有多少人覺得這些建議可以幫助人？」「有多少人覺得這些建議會傷害人？」這裡的關鍵技巧是，每當你看到問題發生，你可以做的是提問。但是記得要從不同的角度提問：「有多少人覺得我們太吵了？」「有多少人覺得這樣夠安靜？」「有多少人覺得我們夠尊重彼此？」「有多少人覺得我們不夠尊重彼此？」這些提問會引發學生思考。

## Q 我們要如何處理將議程當作報復工具的孩子？

**凱**：一開始，我確實發現孩子時常利用議程作為報復手段。所以我製作了議程箱。我在箱子上開了一個洞，學生可以將寫好的議程放進去。他們創造出一個編號系統，在每個問題上放上一個號碼，然後在用過的號碼旁打個叉，這樣下一個人會知道哪個號碼已經被用過了。我們在班級會議上會按照編號順序來討論問題。這非常有效！孩子們很喜歡，他們也一直維持著這個制度。我什麼都不用做。

**主持人**：透過這個制度，你們可以為問題編排順序。這真是一個聰明的做法！

**珍妮絲**：我沒有發現一年級生用議程作為報復。他們相當誠實。一般來說，若有同學看到這樣的議程，他們會說：「喔，她這麼寫只是為了報復。」如果我追問，他們通常會說：「是的，我是為了報復。」我總會謝謝他們、或肯定他們願意立刻承認。

**主持人**：這類的問題也可以變成議程。你可以問學生：「我們該如何處理以議程作為報復手段的人？」他們會想出很棒的答案。另一個重點是，當有任何問題發生時，開誠布公地和孩子討論。

另一個處理孩子利用議程來報復的做法是，直接對他們說：「我注意到我們在利用議程進行報復。」然後，我會問這樣的問題：「有多少人認為我們還不夠相信彼此，知道同學會幫助你，而不是傷害你？」讓學生尋找解決方案，或是進行討論，基本上就足以停止報復行為。

## Q 我們該如何結合正向教養的課程與其他的管教方式？

**主持人：**我通常的回答是：只要是以相互尊重、不羞辱、專注於解決方案而不是責備、教導技能而不是懲罰和控制的管教方式，正向教養都能與之相容，但它和以懲罰與獎勵作為前提的管教方式不相容。懲罰與獎勵是根據一個完全相反的前提——這些方式教大人要負責孩子的行為——孩子「乖」的話就獎勵他們，孩子「不乖」的話就懲罰他們。但是當大人不在孩子身邊時，會發生什麼事？這也是一種短期的控制，不重視孩子的感受和決定，也不鼓勵孩子學習可供未來運用的技能。

## Q 你們想做點總結嗎？我想聽聽兩位對於班級會議的總評。

**凱：**舉行常態性的班級會議是我們班上發生過最好的事情之一，我的學生也有同感。他們愛得不得了！如果我們錯過舉行班級會議，他們還會抗議。我們每天都舉行班級會議。偶爾會有那麼一次，我們因為活動太多，沒辦法進行時，他們真的會很想念。如果我們有機會進行致謝，學生學習時的心情也會好得多。如果沒有時間開完會議的話，我們至少會進行致謝，這會讓這一天過得更愉快！

**主持人**：我很高興妳提到這一點。有很多老師提到，舉行過班級會議後，一整天都會過得更順利——即使只是進行了致謝。

**珍妮絲**：我愛班級會議。我強烈建議每個人都試試看。當我開始教書時，對我們既有的管教方式產生很多質疑。我很高興我們有辦法找到替代方案。現在我的教室管理方式只有一種：班級會議！

我們希望這份摘錄為讀者呈現出珍妮絲．魯特和凱．羅傑的專業知識、積極態度和精湛的技巧。我們相信她們兩人可以成為上千名教師的靈感，看到班級會議在賦能學生和創造教室裡的合作氛圍上的潛力。我們希望你會被她們的經驗所觸動，從而開始進行班級會議，讓師生共同享受這個美好過程所帶來的豐碩成果。

## 結語

我落入這個世界，現在得開始游泳了。——魯道夫．德瑞克斯

**現**在你讀完了這本書，你的下一步是什麼？如果你有不完美的勇氣，並願意犯錯，你可以在教室裡採取正向教養的教學方式，與學生一同學習。

擔任過二十年的小學老師與親職教育者，如今是一名正向教養認證講師的譚米．凱斯，總結她關於正向教養的經驗：

「自從學會正向教養後，我在過去三年內，透過與教師、父母、教育工作者、治療師、醫師、護士、律師和科學家等合作的過程，更進一步地確認正向教養的方法，包括最完整有效的生活技能與工具。不論具備何種文化與宗教背景，所有年齡層的孩子與大人，都能透過正向教養的方法，創造出彼此和諧、健康與賦能的關係。

在教室裡，**正向教養改變了我與學生溝通的方式，它在所有學生之間建立起相互支持的情感連結，創造了相互尊重與支持的學習社群，教導學生反思自己的行為與進行自我控制，並引發學生追求學業與社交成就的內在動力**。整體而言，教室變成一個孕育學習與成長，讓人愉悅、快樂的園地。作為老師，我很高興自己有機會能夠應用正向教養的哲學，在學校的正規課程中加入新的正向教養課程。父母和學生在正向教養的教室裡，能夠一起

茁壯成長、發光發熱。

正向教養的技巧在家庭裡運用起來也同樣有效，它幫助我和孩子之間建立起更好的溝通、更親密的關係，以及對彼此的尊重。家庭會議幫助我們進行更有意義的討論，它不僅是每個人可以表達意見與提出問題的平台，也是讓人感覺安全與被傾聽的地方。如今，家庭會議是我們家庭生活中不可或缺的一部分。正向教養的溝通工具可以被運用在許多情境裡，其目的在於促進相互尊重的溝通。

**在家庭和學校之間所建立的溝通橋梁，為老師、父母和學生創造出有價值的互動關係。**與父母一起學習「錯誤行為目的表」是一個讓人大開眼界的經驗，有時甚至會讓我感動落淚，因為我們終於有辦法透過鼓勵和理解，來改變孩子的負面行為。正向教養之所以具有如此大的影響力，是因為我們常態性地舉行父母學習的課程，教導他們那些孩子在課堂上同樣會學到的技巧。

經常以矯正行為的方式，透過金錢、物質，或是空泛的讚美給予孩子外在獎賞，但又對這些方法的短期效果感到沮喪的父母，會來尋求我們的幫助。正向教養最大的不同之處在於，我們的方法會**為孩子帶來深刻的改變**。關於這一點，我可以分享一個很棒的故事：我今年十歲的兒子柯比，有一次在他優秀的表現之後，老師想給他「獎賞」，但他禮貌地拒絕了。他對老師說：「我不需要這個獎賞，因為**我已經從自己做的事情中得到了滿**

足感。」他的老師對於自己習慣使用的「正向強化」被拒絕感到驚訝。**你可以給孩子最大的禮物，就是讓他們感受到自己的努力、決心，以及驕傲感！」**

我們祝福你也能像譚米一樣，以「正向教養」找到自己的道路，對你和學生的世界帶來正面的影響。我們期待聽到你的成功故事。請將你的「正向教養實例」寄到 jane@positivedicipline.com 或是 lynnlott@sbcglobal.net，這樣一來，我們可以將你的故事與更多人分享，啟發更多老師跳上這輛正向教養的列車，帶領學生培養社交情感技能，並邁向學業成就的高峰。

# 致謝

我們要感謝這本書的責任編輯納森・羅伯森，他迅速回應我們所有的需求，並以最大的耐心引導我們。感謝寶拉・格雷以生動的插圖為我們的文字增色，也感謝亞當・德比托協助繪製選擇輪。

我們還要感謝許多老師和學校行政人員，他們提供了寶貴的回饋，讓我們知道正向教養的哲學為他們創造出理想的教室氛圍。我們在本書中分享了一些這樣的故事。

我們要對「正向教養協會」（https://positivediscipline.org）與正向教養的認證講師及導師表達深深的謝意，他們協助我們培訓和支持許多熱情有心的朋友，一起向全世界的父母和老師，分享正向教養的哲學與工具。

國家圖書館出版品預行編目資料

跟阿德勒學正向教養：教師篇：打造互助合作的教室，引導學生彼此尊重、勇於負責，學習成功人生所需的技能／簡．尼爾森（Jane Nelsen），琳．洛特（Lynn Lott），史蒂芬．格林（H. Stephen Glenn）著；陳玫妏譯. -- 初版. -- 臺北市：日月文化，2019.09　304面；16.7 X 23公分. --（高EQ父母；75）
譯自：Positive discipline in the classroom : developing mutual respect, cooperation, and responsibility in your classroom
ISBN 978-986-248-833-1（平裝）
1.班級經營
527　108012967

高 EQ 父母 75

# 跟阿德勒學正向教養：教師篇

## 打造互助合作的教室，引導學生彼此尊重、勇於負責，學習成功人生所需的技能

Positive Discipline in the Classroom: Developing Mutual Respect, Cooperation, and Responsibility in Your Classroom

作　　者：簡．尼爾森（Jane Nelsen）、琳．洛特（Lynn Lott）、史蒂芬．格林（H. Stephen Glenn）
譯　　者：陳玫妏
審　　訂：姚以婷
主　　編：謝美玲
封面設計：日央設計
美術設計：林佩樺

發 行 人：洪祺祥
副總經理：洪偉傑
副總編輯：謝美玲
法律顧問：建大法律事務所
財務顧問：高威會計師事務所
出　　版：日月文化出版股份有限公司
製　　作：大好書屋
地　　址：台北市信義路三段151號8樓
電　　話：(02)2708-5509　傳真：(02)2708-6157
客服信箱：service@heliopolis.com.tw
網路書店：www.heliopolis.com.tw
郵撥帳號：19716071 日月文化出版股份有限公司

總 經 銷：聯合發行股份有限公司
電　　話：（02）2917-8022　傳真：（02）2915-7212
印　　刷：禾耕彩色印刷事業股份有限公司
初　　版：2019年9月
初版十一刷：2024年3月
定　　價：350元
I S B N：978-986-248-833-1

生命，
因家庭而大好！